図解 うまくいっている会社の

「儲け」の仕組み

株式会社タンクフル

青春新書
INTELLIGENCE

はじめに

ビジネスの成功は、お金で換算される。そして、お金を得る方法、どうやって儲けるかの方法が、テクノロジーの進展によって、これまでとは大きく変わってきている。

例えばホテル事業を手がけようとしたら、これまでなら風光明媚《ふうこうめいび》なロケーションに綺麗なホテルを建て、宿泊客に喜んでもらえるサービスを提供しようと考えただろう。宿泊客にホスピタリティを提供することで対価を得て、儲けるというのがホテルビジネスのポイントだからだ。

ところが、このポイントがテクノロジーによって変わった。全世界で宿泊サービスを提供しているＡｉｒｂｎｂ（エアビーアンドビー）は、「世界最大のホテルチェーン」といえるが、ホテルを一切建てていない。快適なホテルで宿泊客にホスピタリティを提供し、その対価で儲けるのではなく、「泊まりたい人」と「自分の部屋に泊めたい人」をインターネットでマッチングして仲介手数料を得ている。

このビジネスモデルでは、例えば従来型ホテル事業では当たり前であった「客室に花を生けて宿泊客をもてなし」「リピーターになってもらって利益を得る」ことを考えるのは、自分の部屋を提供する個人であって、エアビーアンドビーではない。エアビーアンドビーが利益を生むポイントは、そこではない。

このように、インターネット、スマートフォン、IoT、AI（人工知能）など新しいテクノロジーによって、多くのビジネスにおいて「利益を生み出すポイントだと考えられていたこと」がズレた。多くの企業は今、利益を生み出すポイント、ようするに「自社のビジネスの中心線」がどこになったのかを見直してみる必要に迫られている。

「コラボレーション」「共創」「協働」「イノベーション」など、ビジネスで勝ち組となった企業の成功の理由を調べていくと、こうしたキーワードをよく見かける。これらのキーワードはいずれも、新しいビジネスの中心線が動いた結果であり、同時に「新しく中心線を引き直す」ために必要な取り組みを示している。

ただし、この「ビジネスの中心線が動いている」のは、今に始まったことではない。テクノロジーの進展で変化のスピードや、中心線の動きの幅が大きくなってはいるが、何年何十年と継続して利益を上げ続けている企業の多くは、じつは時代の変化に合わせて柔軟に自社のビジネスの中心線を動かしてきている。もしくは、その中心線を同業他社、ライバルたちと「少しズラしたところ」に引いている。

本書で紹介する企業も、いずれもビジネスの中心線を動かしたり、まったく新しく引き直したり、同業他社と少しズラして引いているところばかりだ。それを「儲けの仕組み」や「儲けの場所」「市場のエアポケット」といった視点でくくり、各章で紹介している。

本書で紹介した企業の中から、自社のビジネスと似ている事例が見つかり、参考にしていただければ幸いである。

株式会社タンクフル

図解 うまくいっている会社の「儲け」の仕組み　目次

第1章

Airbnb、LINE、メルカリ…

「新しいビジネス」の儲けの秘密

第2章

コマツ、Sansan、サイゼリヤ…

儲けの「仕組み」を変える

第4章 市場の「エアポケット」をつく

コメダ珈琲店、日高屋、カーブス…

第6章

モノを売らずに「体験」を売る

一蔵、ヤッホーブルーイング、オタフクソース…

※本書に出てくる情報は、とくに断り書きのないものは、
すべて2019年2月時点のものです。
また、1ドル＝110円で計算しています。

第1章

Airbnb、LINE、メルカリ…

「新しいビジネス」の儲けの秘密

ニュービジネスの旗手は、時に「創造的破壊者」と呼ばれる。Ｆａｃｅｂｏｏｋ（フェイスブック）は、自社で取材も記事も制作しないのに「世界最大のメディア」となり、Ａｉｒｂｎｂ（エアビーアンドビー）はホテルを１棟も建てていないのに、「世界最大のホテルチェーン」になった。Ｕｂｅｒ（ウーバー）は、タクシーも持たず、ドライバーも雇用していないのに、「世界最大のタクシー会社」だ。独創的なアイデアで、既存のビジネスを駆逐してしまうほどのパワーを持つ。

そんなニュービジネスだが、儲けの秘密はどこにあるのだろうか。斬新で独創的なアイデアや発想だけに注目しがちだが、その裏側に隠された儲けるポイントを探ってみよう。

Ａｉｒｂｎｂ（エアビーアンドビー）
――ホテルを一つも持っていないのに「世界最大のホテル」になった秘密

マリオットやヒルトンよりも客室数が多い！

Ａｉｒｂｎｂ（エアビーアンドビー）は、空き部屋を貸したい人（ホスト）と部屋を借りたい旅人（ゲスト）とをつなぐＷｅｂサービスだ。ゲストが借りるのは正式なホテルや旅館ではなく、普通の人の家で、一戸建てもあればマンションもある。いわゆる「民泊」だ。宿泊できる部屋は、個人宅の３ＬＤＫの１部屋だったり、別荘や一戸建てまるごとだったりする。中には、お城やツリーハウス、クルーザーまであるという。

運営会社のエアビーアンドビー社は２００８年８月にアメリカ・サンフランシスコで創業。今では日本を含む世界１９１カ国約８万１０００の都市で事業を展開しており、２０１４年には日本法人も設立した。同社が衝撃的なのは、**宿泊サービスを提供していながら、「自社ではホテルや旅館を一つも保有していない」**こと。世界最大のホテルチェーンのマリオット・インターナショナルも、「ヒルトン姉妹」で知られるヒルトンも、日本のアパホテルも、みな自社でホテルを所有しているが、エアビーアンドビーはホテルを持っていない。それでいながら、登録物件数、つまり「客室数」は600万室を超えている。これは、約125万室のマリオット、約91万室のヒルトン、約80万室のインターコンチネンタルなど、世界のホテルチェーントップ5を合計した客室数よりも多い。「創業からわずか10年たらず」で、「ホテルを一つも所有していないのに」「世界最大のホテル企業」になってしまった。

ここまで急成長した理由は、いくつも考えられるが、一つには、サービスの特徴として、**ホストもゲストも「アカウント」を取得し、氏名、メールアドレス、生年月日、電話番号、自己紹介や写真などのプロフィールを登録**するところにある。「匿名では信頼を損なう」という考えのもと、**ゲスト、ホスト両者の本人確認を徹底し、泊まりたい人が安心して利用できる仕組み**としている。

確かに、特に女性のゲストなどにとっては、素性の知れない宿に泊まったら、まるでヒッチコックの映画『サイコ』のような宿だったなどという体験は絶対に避けたいところ。エアビーアンドビーならゲストが宿を決める際、今まで宿泊したゲストのレビューを見たり、部屋を貸し出している人のプロフィールを見たりして決めることができるので安心というわけだ。

「手数料をどこからどう取るか」に工夫あり

さて、エアビーアンドビーの２０１７年の業績は売り上げ約26億ドル（約２８６０億円）に対し、約９３００万ドル（約１０２億円）の黒字で、時価総額はアメリカのスタートアップ企業としてはＵｂｅｒ（ウーバー）に次いで第２位の３１０億ドル、日本円にして３兆５０００億円に近い。

いったいどのようにしてこれだけの業績をあげているのか。じつは儲けの仕組みは、いたってシンプルで、基本的には宿泊予約の際の手数料収入だけなのだ。

ただし、じゃらんｎｅｔや楽天トラベルなどの日本の宿泊予約サイトが宿泊施設側、つまり、ホスト側からのみ手数料を取るのに対し、**エアビーアンドビーではホストとゲストの両方から取っている。**ここがポイントだ。

ホストが自分の部屋などをエアビーアンドビーのサイトに掲載してもらうのに、費用は発生しない。それどころか、エアビーアンドビーが全世界で５０００人契約しているといわれるプロのカメラマンに宿の宣伝写真も撮ってもらえる。しかも撮影代は前払いではなく、受け取る宿泊代から差し引かれる。プロによる写真撮影の効果が出てから払えばいいというわけだ。

このように、ホストに部屋を提供してみようかなと思わせる工夫が随所にある。

客室数がどんどん増える仕組み

ただし、ホストは、ゲストが支払う宿泊代の3％を手数料としてエアビーアンドビーに支払わなければならない。この手数料が、他の宿泊予約サイトに比べて安い。通常の宿泊予約サイトでは、宿泊代の10％前後が手数料として取られるとされているので、3％は安価だ。**ホストの負担を低く抑えることで、より多くのホストを集め、提供できる客室数を増やし、サービスの規模を拡大**してきた。それが成功の秘密といえる。

一方で、**ゲストからも0～20％の手数料を取る**。宿泊代が高額であれば手数料の料率は下がり、低額になるほど上がる。例えば、ホストが宿泊代を1万円に設定すると、ホストに入る金額は3％を差し引いた9700円になり、ゲストは0～20％＝0～2000円の手数料を上乗せした金額をエアビーアンドビー支払う。ホストとゲストの両方から手数料を取って儲けているのだ。

儲けのポイント　**ホストのハードルを下げ、ホストとゲストの両者から手数料を取る**

Airbnb（エアビーアンドビー）
ホストもゲストも利用したくなる仕組み

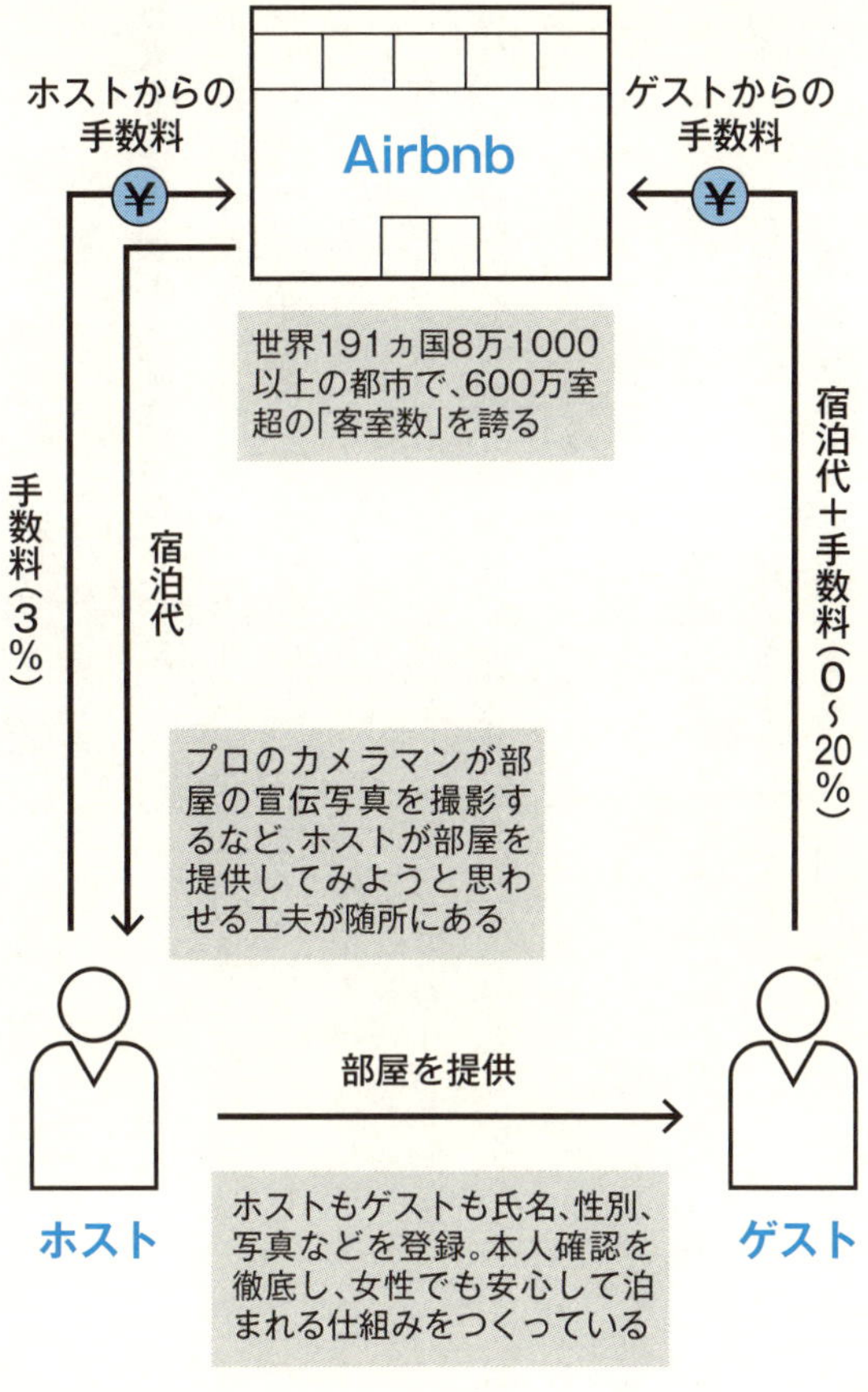

LINE
──トークも電話も無料で使えるのに、どうやって儲けているのか

じつは知る人ぞ知る「ゲーム制作会社」だった

ＬＩＮＥは、韓国最大のインターネットサービス会社のＮＡＶＥＲ（ネイバー、１９９９年設立）の１００％子会社として、２０００年に日本で設立された。ソーシャル・ネットワーキング・サービス（ＳＮＳ）「ＬＩＮＥ」は、日本のスマホユーザーの80％が使っているとされ、利用者数は７８００万人を突破したという。２０１８年時点で、ＮＡＶＥＲグループ全体の総資産の約４割、売上高でも約４割を占める「稼ぎ頭」、優良子会社だ。

誰でも１度くらいは使ったことがあるＬＩＮＥだが、メッセージをやり取りできるトーク機能や電話機能は、「タダ（無料）」だ。ＬＩＮＥの有料サービスですぐに思い浮かぶのはスタンプくらいで、多くの機能は無料で使える。となると、いったいどうやって儲けているのだろうか。それを知るために少し過去を振り返ってみる。

まずは、２０１５年の業績と売上構成を見てみよう。同社の公表資料によれば「２０１５年通期の売上高は１２０７億円」で、そのうち、「コンテンツが41％、コミュニケーシ

ョンが24％、広告が30％、その他が５％」となっている。

この売り上げの４割以上、半分近くを稼ぐコンテンツとは何か。公表資料によると、「コンテンツサービス分野の主軸であるゲームにおいては」とある。つまり、ゲームだ。２０１５年当時は「ＬＩＮＥ：ディズニー ツムツム」や「ＬＩＮＥ ポコポコ」などのゲームが好調で、セガとコラボレーションしたロールプレイングゲーム（ＲＰＧ）を次々にリリースしていた。

現在も多くいるだろうと考えられる、無料のトークと電話機能だけ使っていたユーザーからすれば意外と感じるくらいに「立派なゲーム制作会社」だったのだ。

また、売り上げの24％を占めていたコミュニケーションについては、「コミュニケーション分野の主軸であるスタンプ」とあるように、有料のアニメーションスタンプやサウンドスタンプが中心だった。

注目すべきは、２０１５年当時に売り上げの約３割を占めていた広告だ。今でこそ、タイムラインやニュースにいわゆるバナー広告が掲載されているが、当時はまだ「タイムライン機能に広告配信・表示するテストを開始した段階」。つまり、２０１５年当時は、「ゲームとスタンプで稼いでいたＬＩＮＥ」のビジネスモデルが、ここ数年で大きく変わってきたのだ。

「ゲームとスタンプのLINE」からさらに進化！

２０１８年、ＬＩＮＥの収益源は、大別して「広告事業」、「コミュニケーション・コンテンツ事業」、そして新たな「戦略事業」の３つになる。

広告事業とコミュニケーション・コンテンツ事業が「コア事業」に位置付けられ、売上高に占める割合は、広告事業が50％を超えてトップに、ついで、ゲームとスタンプのコミュニケーション・コンテンツが約30％を占め、戦略事業が10～15％ほどに達している。

２０１５年には「ゲームとスタンプのＬＩＮＥ」だったが、２０１８年には「広告会社のＬＩＮＥ」となり、「ゲームとスタンプ」は、現在でもコア事業には変わりがないものの、売上高に占める割合は３割程度になった。

さらに、２０１８年の業績では、コア事業の売り上げが約１７８４億円と前年度比14％増だったのに対し、戦略事業のそれは、約２８８億円、前年度比約60％も増えている。戦略事業では、ＡＩ（人工知能）など新たな技術開発の先行投資も増えたことから、利益を生み出すまでにはいたっていないものの、事業の柱はゲーム、スタンプ、広告から「戦略事業」へとシフトしているのだ。ビジネスモデルが、ここ数年で大きく変わってきたのだ。

それでは、この戦略事業とは何なのか。

LINE

じつは金融サービス業へと移行しつつある？

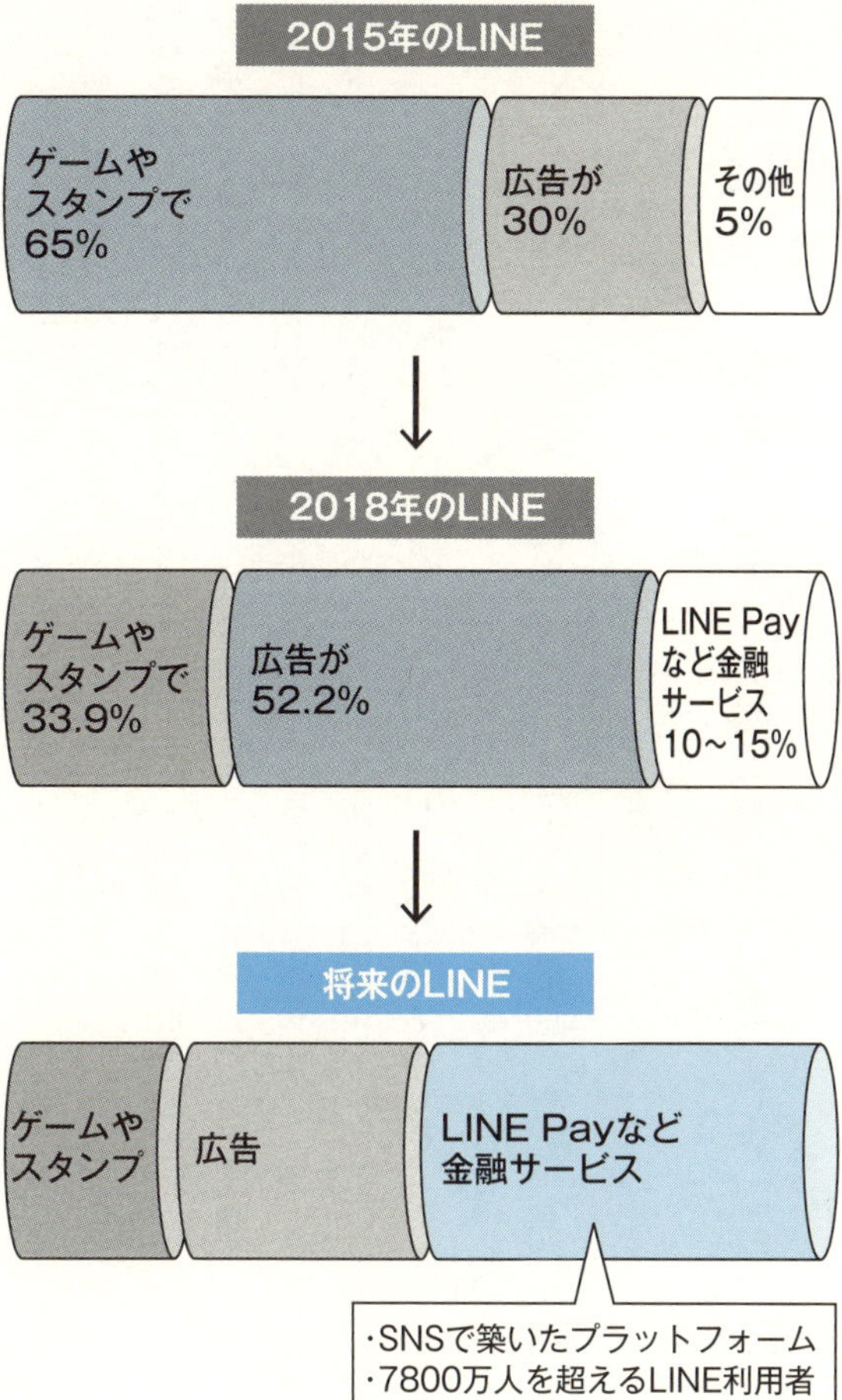

国内最大規模の金融サービス会社に?!

ひと言でいうと、**ITと金融サービスを組み合わせたフィンテック事業**だ。ようするに、LINEは、今や金融サービスに力を入れているということ。フィンテック（FinTech）とはIT技術を使った新たな金融サービスのことで、金融を意味するファイナンス（finance）と、技術を意味するテクノロジー（technology）を組み合わせた造語。わかりやすいのは、LINE Payなどのスマホ決済サービスだ。LINEは、現在、QRコードやバーコード、FeliCa（フェリカ）などの近距離無線通信、クレジットカードなどを活用したモバイル決済のLINE Payに注力している。7800万人を超えるLINEユーザーが、街中での買い物などにLINE Payを使えば、そこで動くお金は膨大になる。LINEはSNSで築いたプラットフォームを活用し、金融サービス企業へと様変わりしつつある。

儲けのポイント

市場環境に応じて「儲けの軸」を変え続けている

YouTube
――新しいビジネスモデルのヒントは「NHK」にあり？

広告を出す企業は過去２年間で倍増

ユーチューブのユーザー数は全世界91カ国で10億人以上を数え、それは全インターネット人口の約３分の１にあたる。毎月19億人以上のログイン済みユーザーがユーチューブを利用、１日あたりの動画視聴時間は10億時間を超え、視聴回数は数十億回にのぼる。これらの数字は全てユーチューブのサイト上で公開されているもので、現在、１分間に４００時間もの動画がアップロードされているという。

さらに、調査会社のニールセン デジタルによれば、日本のインターネットユーザーのうち、スマートフォンでユーチューブを利用する人は毎月５３００万人にものぼる。多くの人に視聴されているだけに、広告効果も期待できる。同じくニールセン デジタルによると、ユーチューブは、日本の21～29歳までのインターネットユーザーの85％、30～39歳の80％、40～49歳の75％に「しっかりと届く（リーチする）」広告メディアとされている。

「広告無し」という新しいビジネスモデル

こうした記述からしても、この巨大サイトの収益源はまず広告収入だということがわかる。おおまかな数字ではあるが、広告が配信されると、スポンサーが支払った広告料のうち、約45％がユーチューブの収入となり、残りの約55％が、その動画を制作したクリエイターの収入になるという。このインセンティブによって、クリエイターは面白い動画を制作し、それが広告プラットフォームとして機能することで、ユーチューブにも収入が入る仕組みだ。

ただし、こうした従来からのビジネスモデルだけではなく、もう一つのユーチューブの収益の柱になりつつあると思われるものが、２０１８年11月14日にサービス開始が発表された「ユーチューブ・プレミアム」だ。

これは、従来、日本では提供されていなかった「ユーチューブ・レッド」というサービスの進化版ともいうべきもの。１カ月１１８０円を払うと、さまざまなコンテンツを「広告無し」で再生できる上、いったんダウンロードしてからオフラインで再生できる機能などもある。

ポイントは、「広告無し」で視聴できるところ。日本でいえば、「広告無し」の代表格は

NHKだろう。**ＮＨＫは、「受信料を払って」広告のない番組を視聴するが、ユーチューブは受信料の代わりに「有料会員となって」広告のない映像を視聴する。**

ただし、ユーチューブの場合には、たとえお金を払ってでも「広告無しの動画コンテンツを見たい」と思う利用者が増えないと、ビジネスモデルとしては成立しないだろう。

そこで、ユーチューブでは、以前よりある工夫をしていたと考えられる。まずは、「誰でも無料で投稿できる」ようにして、コンテンツを増やし、面白い動画コンテンツを次々に増やしていった。

投稿された動画コンテンツの視聴回数が増えていけば、当然だが、よく見られている動画、人気の動画に広告を出したいと希望する企業も増えてくる。この循環を生み出すことに加え、比較的安価に広告を掲載・配信できるように料金体系を設定した。ただし、視聴者の中には、広告配信が増えると「視聴しにくい」と感じる人も増えてくるだろう。

そうした視聴者のために、今度は新たに「広告無しで見られる」というサービスを展開したというわけだ。一連のビジネスの流れの中で、**お金を払ってでも「広告無しの動画コンテンツを見たい」という利用者層を十分に醸成してから、その利用者に向けた新規サービスを開始した。**ここがユーチューブのビジネス展開のポイントといえるだろう。

ユーチューバーの登場でさらにビジネスが拡大

もう一つ、特徴的なのは、ユーチューバーの存在だろう。ユーチューバーは、自分のチャンネルを持ち、自分でつくった動画をアップし、広告が埋め込まれたその動画が再生されるたびに、広告料の一部を得る。年間1億円以上の収入を得ているユーチューバーもいる。

その結果、**ユーチューバーは増え、ユーチューブに魅力ある動画コンテンツが増え、ユーチューブのユーザーが増え、広告出稿量も増えた。**このユーチューバーとユーチューブと広告クライアントの3者が形成するウィンウィンウィン関係は、無限ループのように連環する。

広告収入、有料会員、そして、ユーチューバーを取り込んだこのシステムが、ユーチューブの儲けの仕組みといえるだろう。

儲けのポイント
無料動画を普及させ、「広告のない動画」という付加価値を売る

YouTube

民放モデルからNHKモデルにシフト？

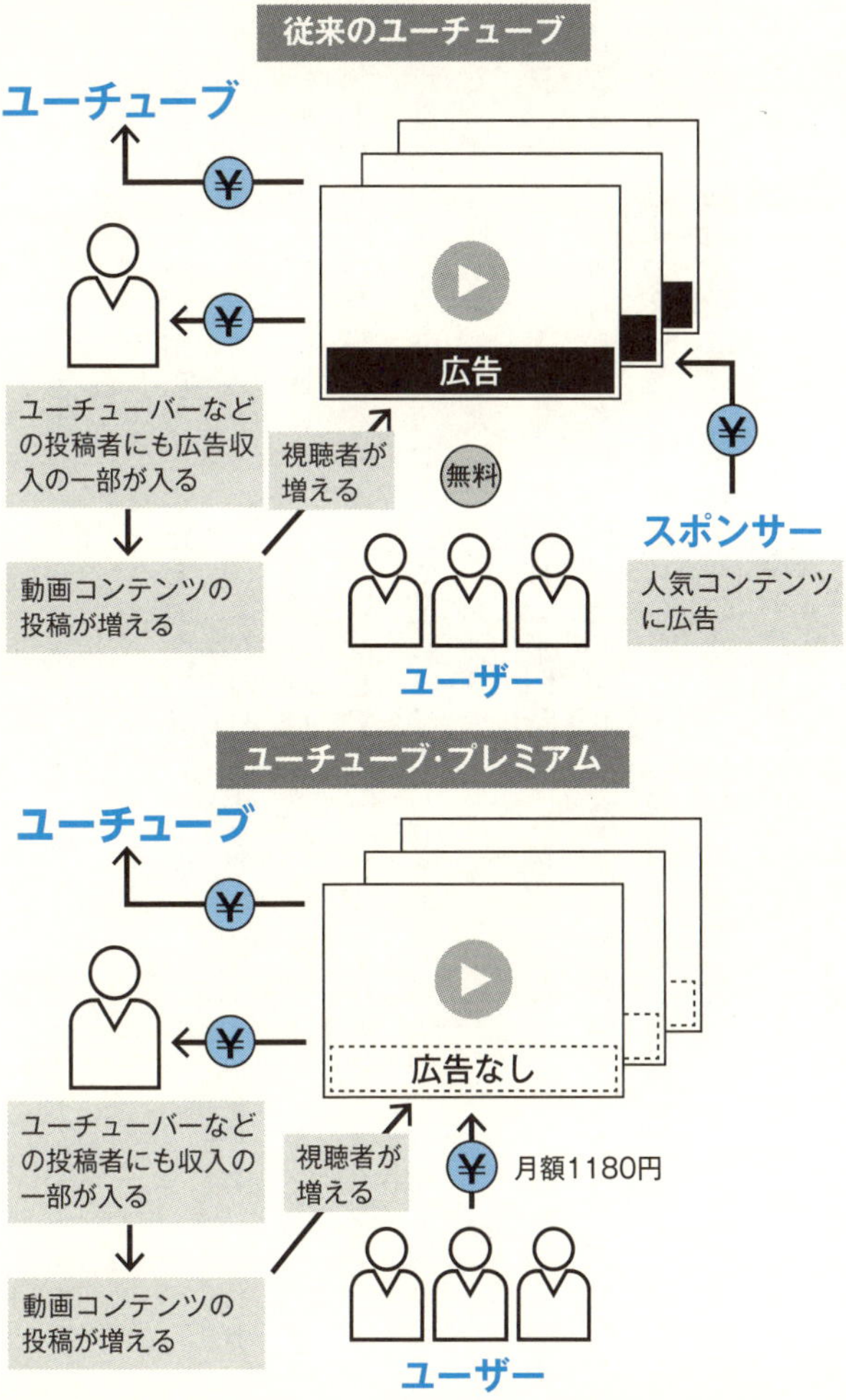

Ｆａｃｅｂｏｏｋ
——ほぼ100％が広告収入！　驚異のビジネスモデルを構築できた理由

全世界の3人に1人が利用する人類史上最大のメディア?!

Ｆａｃｅｂｏｏｋ（フェイスブック）は、２００４年に、当時ハーバード大学の学生だったマーク・ザッカーバーグ氏によって開発されたＳＮＳだ。当初は、ハーバード大学内だけで使うサービスだったが、その後、コロンビア大学やイェール大学、スタンフォード大学などの学生も利用できるようにし、さらに、２００６年からは一般の人たちも使えるようになって一気に利用者が拡大した。

フェイスブックが、２０１９年1月30日（米国時間）に発表した、２０１８年第４四半期の業績によると、１カ月のうちに1回以上利用したことのある月間アクティブ利用者数は、全世界で前年比２・２％増の23億２０００万人に達し、１日1回以上利用しているデイリーアクティブ利用者数は同２・０％増の15億２０００万人となった。膨大な利用者がいるが、さらにすごいのは、「インスタ映え」でお馴染みのＩｎｓｔａｇｒａｍ（インスタグラム）やチャットツールのＷｈａｔｓＡｐｐ（ワッツアップ）、Ｍｅｓｓｅｎｇｅｒ（メッセンジャー）などの「フェイスブックファミリー」アプリをあわせると、月間アクティブ利用者数はじつに27億人以上にもなる。世界の総人口が約75億人とされているので、**全世界で「3人に1人以上」がフェイスブックファミリーのいずれかのアプリを使っている**ことになる。

この利用者数の膨大さが、なんといってもフェイスブックのすごいところ。全世界で、約23億２０００万人が「毎月1回はフェイスブックに目を通す」となれば、これは間違いなく世界最大、いや人類史上最大の「メディア」といえるだろう。

しかも、メディアとしてのフェイスブックのすごいところは、「自社では記事やコンテンツを制作していない」ところにある。通常のネットメディアは、いかに読まれる記事を制作・配信し、アクセス数を稼ぐかに心血を注ぐ。そのために、企画を考えたり、取材をしたりするが、フェイスブックには、記者もジャーナリストもいない。

つまり、「たったの1本もコンテンツといえるものをつくっていない」のに、「世界最大のメディア」となってしまったのだ。しかも、そこまで急成長するのにかかった時間は、わずか10年たらずだ。

さて、世界最大のメディアともいえるフェイスブックだが、利用者はみんな無料で使える。例えば、「フェイスブックに1回、投稿すると、料金が1円かかる」とでもすれば、毎月23億2000万円もの売り上げになるが、そんなことはしていない。それでは、いったいどうやって儲けているのか。

じつはメディアの王道ともいえる広告収入が収益の柱になっている。柱どころか、**売り上げのほぼ100%が広告収入**だ。

2018年第3四半期の業績では、総売上高が前年同期比約33%増の約137億2700万ドルで、そのうちの約135億3900万ドルが広告の売上高。総売上高の約98・6%が広告ということになる。完全な「広告収入型」のビジネスモデルなのだ。

テレビやネットメディア、新聞や雑誌など、メディアの多くは広告収入が事業の柱にはなっているが、有料記事・コンテンツの売り上げや、記事・コンテンツ制作のノウハウを活かしての書籍の出版など、さまざまなサービスや事業を多角的に展開して収益を上げている。

じつは、世の中にメディアは多数あるが、広告が「売り上げのほぼ100%を占める」というメディアは、ほとんど見かけない。どのメディアも有料でのメディアサービスや書籍の出版、イベントなど、広告収入以外にも収益の柱を持っている。フェイスブックをメディアとして考えるならば、そのビジネスモデルは、特殊ともいえるだろう。

Facebook

完全広告収入型のビジネスを支える仕組み

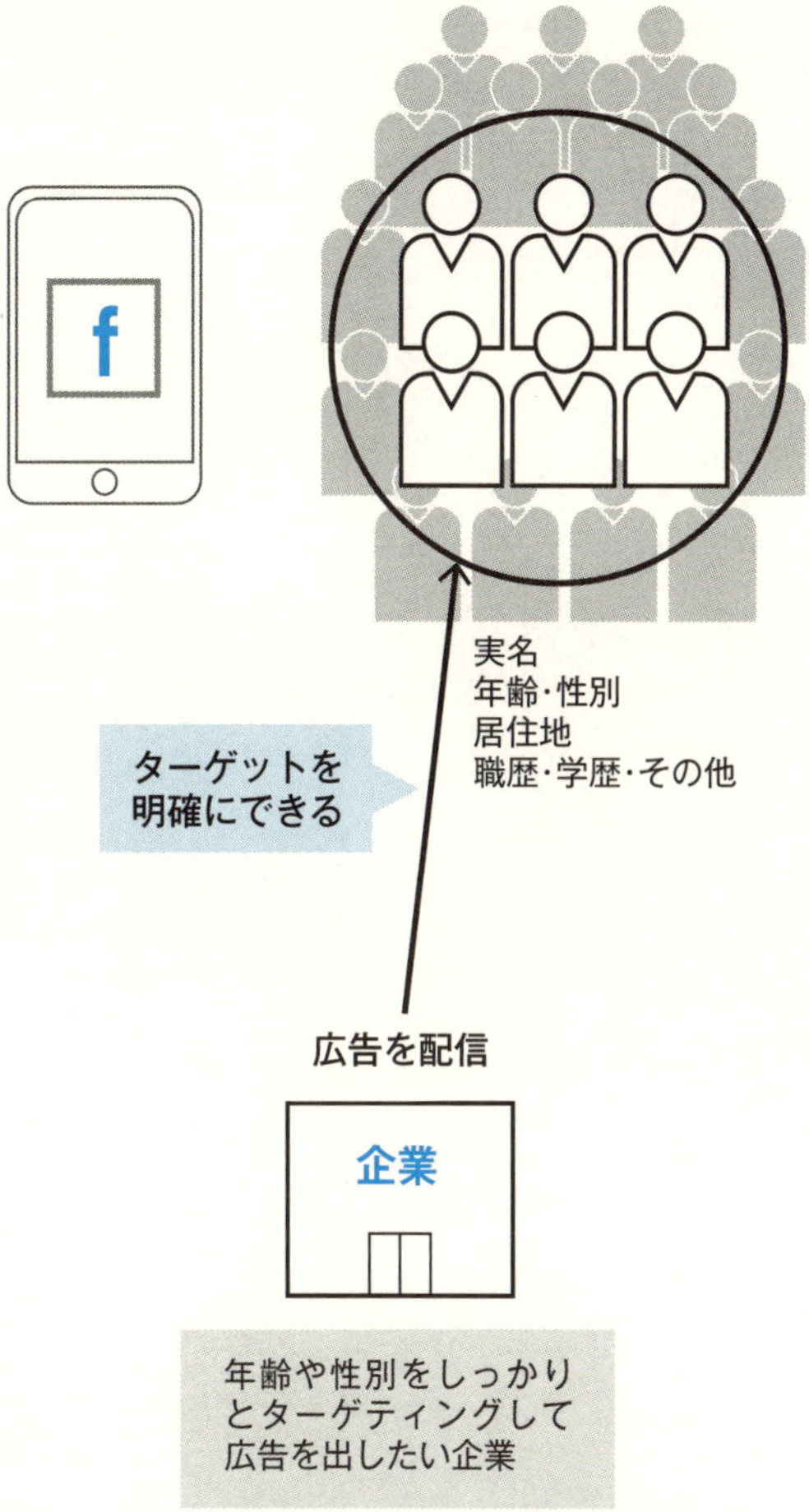

「高い広告料を払って」でも広告を出したくなる仕組み

それではなぜ、フェイスブックは、完全な「広告収入型」のビジネスで成功したのだろうか。それは、**利用者が実名で、年齢や性別、企業名や肩書、学歴や自己紹介などの個人情報を登録しているから**だ。フェイスブックでは、これらの情報をデータベース化し、個人情報がわからないように加工してマーケティングデータとしている。このデータをもとにすることで、例えば、広告を配信したい企業は、「4年制大学卒業」で「年齢は30〜35歳」、「関西圏に居住の女性」というように、ターゲットを絞り込んでの広告配信が可能になる。**フェイスブックは、多くの人が見るメディアでもあり、ターゲットをピンポイントに絞り込むことができる広告配信プラットフォーム**でもあるのだ。

さらに、フェイスブックでは、広告配信枠を制限し、その枠の金額をオークションで決めている。これにより「フェイクニュースのような広告が流れる」といった不信感を払拭し、「質の高い広告」を「高い広告料で配信する」、理想的なビジネスモデルを構築したのだ。

儲けのポイント

実名登録にすることで、質の高い広告モデルを実現

Ｕｂｅｒ（ウーバー）
――タクシーを持たず、ドライバーも雇用せずに世界最大のタクシー会社に

日本国内の全タクシーの数の10倍以上の車を持つ

大切な仕事のアポイントに遅れそうなとき、タクシーを拾おうとして路上で待っているのになかなか来ない。よくあることだろう。「乗りたいときに限って、なかなかつかまらない」という経験をしたことのある人は世界中にいるようで、配車サービスで急成長したＵｂｅｒ（ウーバー）の創業者も、雪がちらつくパリの夕暮れにタクシーを拾えなかったことが起業のきっかけとなったという。

ウーバーは、アメリカのウーバー・テクノロジーズが運営する配車サービスだ。専用のスマートフォンアプリで、配車サービスを利用したい人とドライバーをマッチングするサービスで、利用者は自分の居場所の近くにいる車を呼ぶこともできるし、時間と場所を指定して車を回してもらうこともできる。創業は２００９年で、現在、世界78カ国、６００以上の都市でサービスを提供し、７５００万人以上の乗客と３００万人以上のドライバーが登録しているという。ウーバーでは、登録ドライバーが「車持ち込み」でサービスを提

供する。その規模は「全世界で300万台を保有するタクシー会社」に匹敵する。日本国内のタクシー・ハイヤーの稼働台数が約25万台であることを考えると、ウーバーは創業から10年もたたないうちに、「世界最大規模」になったといえる。

しかも、通常のタクシー会社が自社でタクシー車両を保有しているのに対し、ドライバーの「車持ち込み」が基本のウーバーは、タクシー車両を保有していない。つまり、「1台も車を持っていないのに」、「世界最大規模のタクシー会社」となったのだ。

ウーバーが急成長した理由はどこにあるのだろうか。まずは、タクシーを使いたいという人のニーズにマッチしたことがあるだろう。「乗りたいときに限って、つかまらない」と感じている人が多いのは、タクシー台数そのものが少ないことも考えられるが、そもそも「タクシーを使いたい」というニーズが「急に起こる」ものだからだ。

飛行機や新幹線を利用するときには、事前に利用したい日時が決まっていて、予約をしておくこともあるが、タクシー利用のシーンでは、そういったケースは少ないだろう。だからこそ、タクシーを使いたいときにはつかまらず、反対に必要ないときには、街角で何度も空車のタクシーを見かけたりする。利用者とサービス提供者との間のこうしたミスマッチを、スマートフォンのアプリを使うことで解消したところに、ウーバーの成功の理由の一つがある。

もう一つ、ウーバーでは、サービスを利用する人がドライバーを評価できると同時に、ドライバー側も乗せた人、すなわち客を評価できる相互評価の仕組みが採用されている。これもウーバー成功の大きな理由だ。利用者は、利用する前にドライバーの評価を確認できるので、安心して利用できるし、ドライバー側も評判の悪い利用者からのオファーについては見送ることができる。利用する側もサービス提供者側も相互評価することで、自然に「質の良いサービス」が実現され、それがさらに利用者を増やしていくという良い循環を生み出している。

さらに、ウーバーでは利用料金が距離や時間で一律ではない。ウーバーでは、あらかじめ利用者が乗る場所と降りる場所を指定するが、そのエリアでの利用者の多さと、ウーバーが提供可能な車の台数の「需給バランス」によって、利用料金が決まる。

つまり、利用者が多く、配車が少ないエリアでは利用料金が高くなり、反対に利用者が少ない場所は安くなるのだ。利用したい人とサービスを提供したい側の需給バランスによって料金が決まるというモデルは、これまでのタクシーにはないビジネスモデルだ。

既存タクシーの不満を一つひとつ解消

利用者は乗る前から、自分が利用するルートの料金を知ることができ、「その料金に納得して」、「先払い」で乗れる。タクシーに乗ったはいいが、「渋滞にはまって到着が遅れた上に、料金がいつもよりずっと高くなった」といったことはなくなる。**既存のタクシーに感じていた不満が、一つひとつ解消されているところに成功の秘密がある**といえる。

そして、忘れてならないのは、ウーバーが収入をあげる仕組みだ。ドライバーには、乗客が事前に支払った料金のうちの約75％が報酬として支払われ、約25％がウーバーの手数料収入になる。つまり、ウーバーは、「1台の車も持たず」「1人のドライバーも雇用せず」に、ドライバーが優れたサービスで利用客を増やせば増やすほど、ドライバーの収入も増えるし、ウーバーの手数料収入も増えていくビジネスモデルをつくり上げたのだ。

このウーバー、2014年に日本市場に上陸したが、アメリカなどと同様のサービスは提供していない。日本では「白タク」の規制があるからだ。タクシー会社と提携して、タクシーを配車するサービスに留まっている。

儲けのポイント **スマホ活用で既存タクシーの不満を解消**

Uber（ウーバー）

利用者とドライバーの相互評価システムで好循環に

※海外でのサービス例

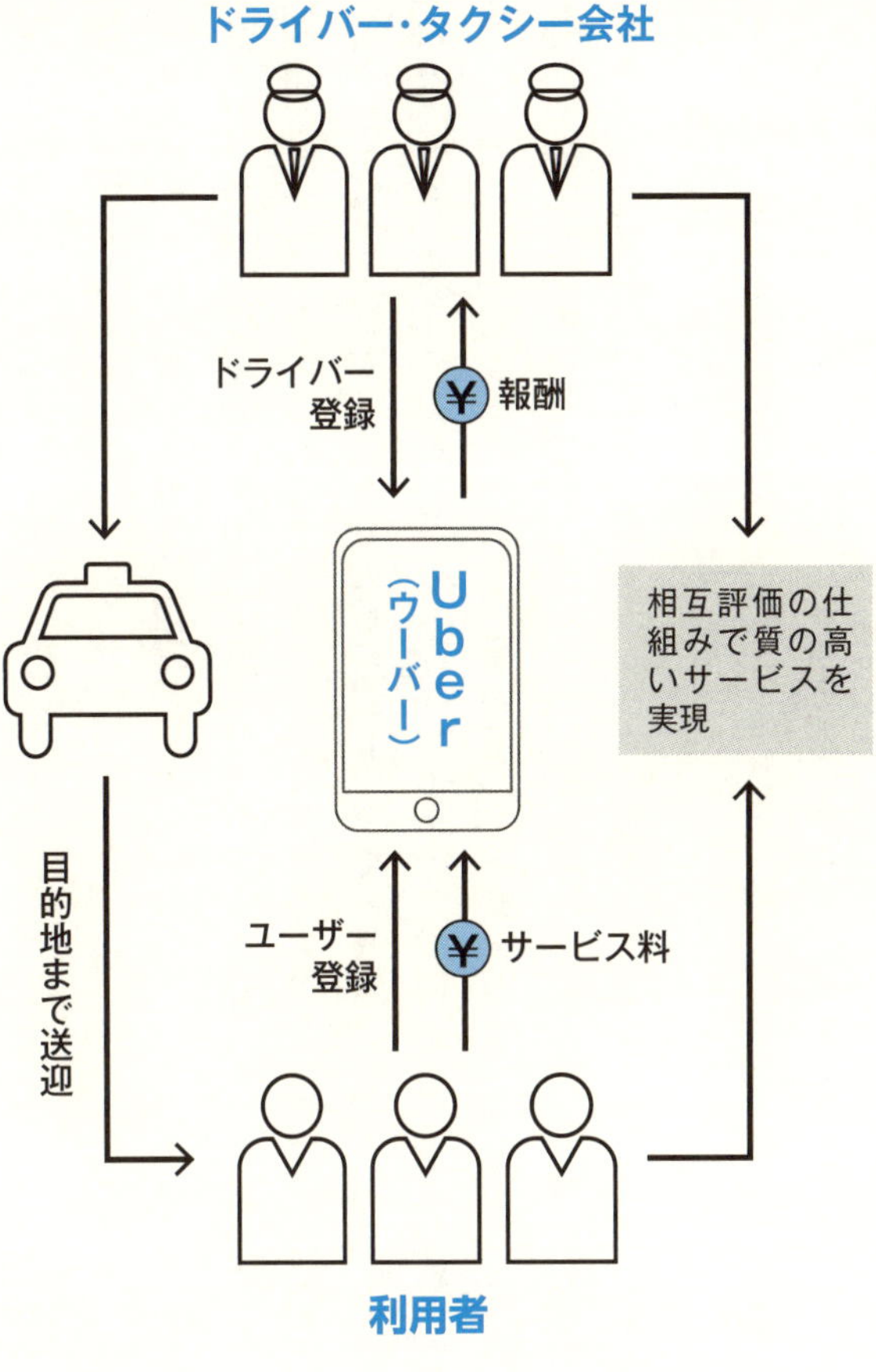

メルカリ
――すでに日米で1億人以上が利用。その急成長の秘密

出品者からも購入者からも手数料を取る仕組み

日本でのアプリのダウンロード数が累計約7500万件にまで達し、今や日本人の「3分の2以上が利用している」ともされるメルカリ。アメリカでもフリマアプリ「Mercari」の累計ダウンロード数が4000万件に達し、すでに日米で1億人以上が利用していることになる。2018年6月期の業績は赤字ではあったものの、売上高は約357億円と、前期比62％増の大幅増収。ここ数年の業績推移を振り返ると、創業から3年目の2015年6月期に売上高40億円を突破してからというもの、2016年6月期には約123億円、2017年6月期には約221億円と倍々で拡大。2015年から2018年の間に売り上げが8倍以上に伸びているのだ。

このメルカリが儲けている仕組みは、どうなっているのか。メルカリは、「ほぼ無料」で利用できるフリマアプリ（フリーマーケットのように物品の売買ができるアプリケーション）だ。「ほぼ無料」というのは、**アプリを使うのは無料だが、フリマで売買が成立し、**

お金のやり取りが出てくると、さまざまな手数料が発生する。つまり、「無料」ではなくなるということ。しかも、メルカリに出品した人からも、購入した人からも「手数料を取れる仕組み」になっている。具体的には、売買が成立すると、販売額の10％を手数料としてメルカリに払わなくてはならない。例えば、品物を３０００円で出品して売れたら、３００円の手数料がメルカリに、２７００円が出品者のものになるのだ。メルカリは、売買が成立した出品者から、この「販売手数料」を取り、収入源の一つとしている。

さらに、購入者が購入代金の支払いにクレジットカードではなく、例えば、コンビニエンスストアでの支払いやＡＴＭでの振り込みなどを利用すると、１回につき１００円の手数料がかかる。このようにメルカリでは購入者からも手数料を取れるようになっている。

そして、もう一つ、メルカリでは出品した品物が売れても、その代金が自動的に出品者の口座に振り込まれることはない。メルカリの内部に留保される。品物を出品した人が、売れたお金をすぐに自身の口座に振り込んでもらえるように申請することもできるが、売上金が１万円未満の場合には、振り込み１回につき２１０円の手数料がかかる。しかもメルカリ内に売上金をプールしておけるのは90日間。これら出品者と購入者の両方から取る手数料がメルカリの儲けの仕組みだ。

「3種類の手数料」が積もり積もると……

すると、いったいどれだけ手数料が取られているのか。例えば、３０００円の商品を出品して、それが売れた場合の手数料を考えてみる。

まずは、販売手数料が３００円かかり、次に購入者が代金をクレジットカード以外で支払おうとすると１００円の手数料がかかる。さらに、出品者が、品物が売れた代金の３０００円（販売手数料を除くと２７００円）をすぐに口座に振り込んでほしいとなったら、２１０円の手数料がかかる。つまり、３０００円の品物が売れると、メルカリは「３００円＋１００円＋２１０円」で６１０円の手数料を得ることができる仕組みとなっているのだ。

３０００円に対して６１０円の手数料の合計額が多いのか少ないのかは別としても、メルカリの利用者は、国内７５００万ダウンロードが示しているように、膨大な人数になる。例えば数百円の手数料でも、「塵《ちり》も積もれば」山どころか、確実に巨大な山脈となるだろう。

リアルなフリーマーケットなら、基本的には出店料さえ払えば、どれだけ売れようが、売買成立の手数料を取られるようなことはないだろう。

また、購入者が現金で払おうが、ＱＲコードで決済しようが、出店者さえ認めれば、フリマ主催者に手数料を払うこともない。

メルカリ

3種類の手数料で細かく儲ける

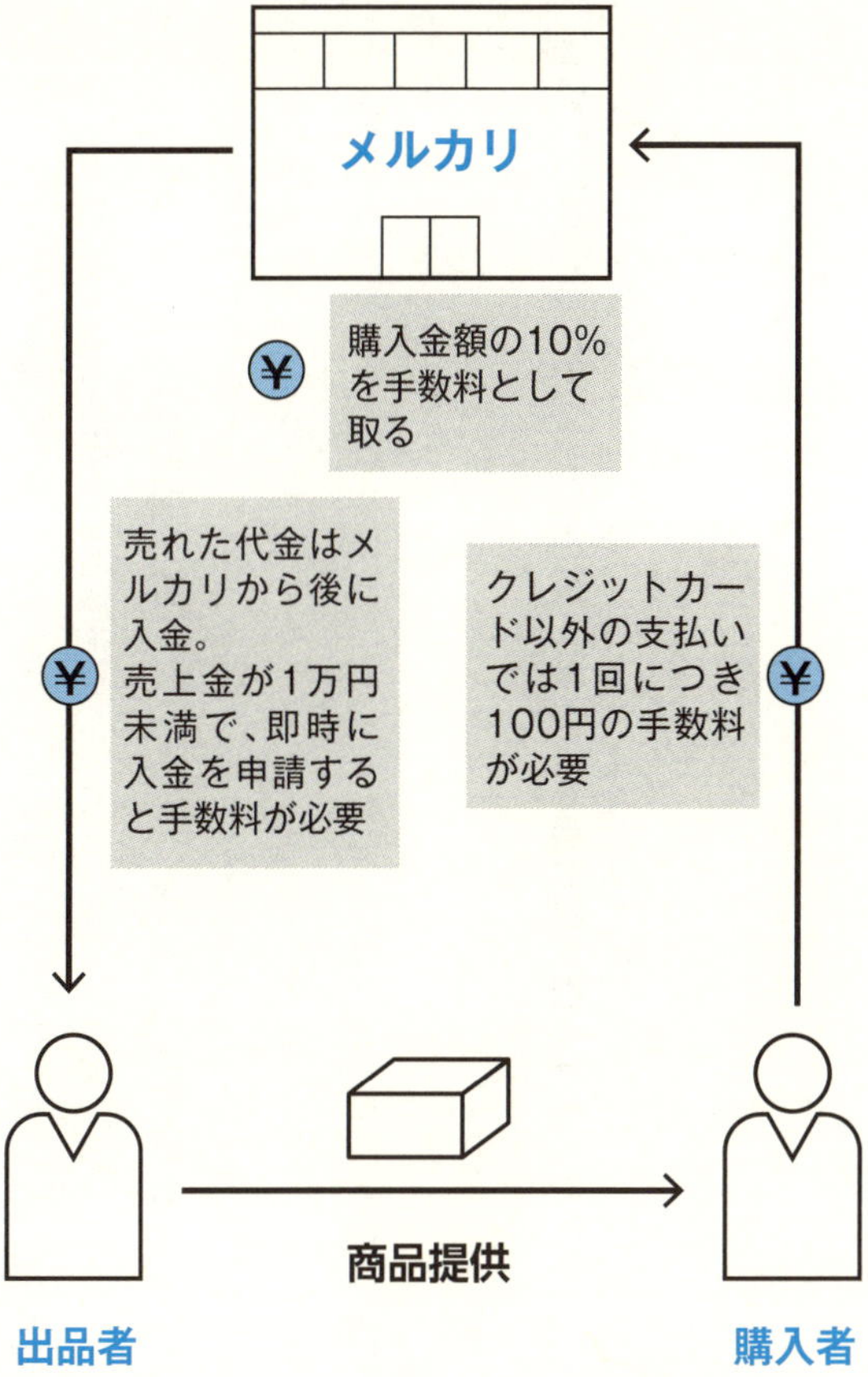

伸びしろは10倍以上？　まだまだ「儲ける」余地はある

ところが、**メルカリは、出店やアプリの利用こそ無料だが、いったん売買が成立した後には、さまざまに手数料を取る仕組みを構築している**のだ。

2018年に発表された経済産業省の推定によると、フリマで売買されるような不用品の価値総額は年間7兆6000億円にも達するという。さらに、フリマアプリなどによるオンラインでの個人間売買（C to C）市場の規模は、約4835億円という。2015年から売上高を8倍に拡大してきたメルカリだが、それでも約3558億円。市場規模は10倍以上ある。まだまだ、成長は続きそうだ。

儲けのポイント　**出品者からも購入者からも手数料を取る仕組みを構築**

第１章のまとめ

「新しいビジネス」のヒントは〝昔からのビジネス〟にある

第１章では、「ニュービジネス」というくくりで、特徴的なサービスを展開する企業を紹介した。Ａｉｒｂｎｂ、Ｆａｃｅｂｏｏｋ、Ｕｂｅｒなど、いずれも独創的なアイデアや発想で急成長した企業だ。

ただし、少し冷静になって、それぞれのビジネスを俯瞰《ふかん》してみると、じつは「それほど新しくはない」という側面も見えてくる。Ｆａｃｅｂｏｏｋは「お友達紹介」のインターネット版だし、Ｕｂｅｒは、いわば「白タク」をスマートフォンで呼べるようにしたサービスだ。メルカリは、フリーマーケットの「スマホ版」。つまり、昔からあったビジネスを、「インターネットとスマートフォン」というツールを使って「新しくした」のだ。

ここで紹介したニュービジネスに共通しているのは、インターネットとスマートフォンをフル活用したビジネスであること。ＬＩＮＥやＹｏｕＴｕｂｅも同じだ。**ニュービジネスといってもアイデアや発想が完全に新しいとは限らない。**活用しているテクノロジーが新しいという視点を忘れてはならないだろう。

そうしたニュービジネスが「どうやって儲けているのか」となると、じつは昔からのビジネスモデルとそう変わらない。例えば、Facebookは、実名・性別・年齢などが明らかな利用者にターゲティング広告を展開できるという「優良広告モデル」だ。これは、日本でも1980年代、当時のリクルートが、就職活動を始める大学生の自宅に、企業への「エントリー用ハガキ」付きの申し込みセットを送っていたのと似ている。このセットは電話帳くらいの分厚い企業紹介冊子のようなもので、企業からすれば、このセットに自社を掲載することで、「就職活動を始める学生」というターゲットを絞り込んで「宣伝」できる。しかも、学生からハガキが送られてくれば、宣伝の費用対効果も把握できる。インターネットもスマートフォンもない時代から、こうしたモデルはあった。

そう考えると、ニュービジネスのニュービジネスたる所以《ゆえん》は、テクノロジーの活用にあるといえるだろう。「誰も思いつかないような」アイデアが不可欠というわけではない。**むしろ、昔からのビジネスを研究し、それらを「最新のテクノロジーでリニューアルできないか」という視点を持つ**べきだ。そこに、ビジネスのヒントが隠されている。

第2章

コマツ、Sansan、サイゼリヤ…

儲けの「仕組み」を変える

ビジネスには、セオリーともいえる取り組みがある。例えば「コストを下げる」「作業効率を上げる」「生産性を高める」「高く売る」といったことだ。ところが、時にこうしたセオリーを無視して、あえて「手間のかかる作業」をしたり、生産効率が低くなる「多品種少量」に取り組んだりする企業もある。

儲けの仕組みを変えるということは、ビジネスモデルを変えることである。ビジネスにおける新しい儲けの仕組みを考える上では、「あえて○○してみる」という視点も大切になるだろう。第2章では、そんな取り組みを実践している企業を紹介する。

GE（ゼネラル・エレクトリック）
——航空機エンジンメーカーが、エンジンを売らずに儲ける仕組みとは

エンジンを売らずに「回転数を売る」という新発想

海外旅行や出張などで、飛行機を利用する人は多いだろう。最近では、LCC（格安航空会社）が増えたこともあり、全世界ではなんと約1500社もの航空会社が日々、運航している。日本でも成田国際空港を発着する航空会社は約100社にもなる。

これだけ多くの航空会社がありながら、じつは航空機のエンジンメーカーは、多くはない。英・ロールス・ロイス、米・ゼネラル・エレクトリック（以下、GE）、同じく米・プラット&ホイットニーの3社で市場シェアの約90%を占めている。つまり、世界中を飛び回っている飛行機のエンジンはほぼ全て、この3社によってつくられている。航空機のエンジンメーカーは、実質的に「3社しかない」ともいえるだろう。

この3社の中でもトップシェアを獲得しているのがGEだ。そうなれば、「GEがどうやって儲けているのか」という問いに対しては、誰もが、「高性能なエンジンを売って儲けている」と思うだろう。エンジンをつくる部品や材料を少しでも安価に仕入れ、きちん

と利益が出る価格でエンジンを売って儲けている、「安く仕入れて、高く売る」という商売の原則をしっかりと守って利益を出しているのだと。

ところが、そうではない。GEは航空機のエンジンメーカーでありながら、エンジンをつくって売るというビジネスモデルを大きく変えた。**エンジンを売るだけではなく、「エンジンの稼働時間」や「エンジンの回転数」に応じて課金するビジネスモデルへと大きくシフトした**のだ。

つまり、「エンジンの稼働時間や回転数を売っている」ということ。航空会社には、エンジンの購入代金を支払ってもらうのではなく、GEのエンジンで実際に飛行機が「飛んだ分の料金」を支払ってもらっている。それが、GEの収入となり、儲けにつながる。稼働課金や従量課金と呼ばれるビジネスモデルだ。

GEがこうしたビジネスモデルを確立できた背景には、IoT（Internet of Things：モノのインターネット）と呼ばれる技術の進展がある。IoTとは、さまざまなモノにセンサーを付けて、計測したデータをインターネット経由で収集し、分析する技術のこと。GEではエンジンに無数のセンサーを取り付け、エンジンの回転数や出力、燃焼状態から、エンジン部品の状態などを、リアルタイムにモニタリングしている。

ＩｏＴでリアルタイムにモニタリングし、安定稼働を実現

ＧＥでは、**ＩｏＴで収集したデータを分析することで、「エンジンの出力（回転数）×稼働時間」を測定し、それに応じた課金ができるようになった**のだ。

しかも、ＧＥが取り組んだことはこれだけではない。「エンジンの出力×稼働時間」に応じて課金するとなると、トラブルや故障が多いエンジンでは、稼働時間が短くなってしまい、儲からない。「高出力で安定稼働し続ける」エンジンであるほうがいい。そのためには、エンジンのメンテナンスをしっかりとしなくてはならない。

そこで、ＧＥではＩｏＴによって収集されたデータをもとに、エンジンの不具合の箇所や部品の交換時期などを分析し、航空機が飛んでいる間に、次に着陸する空港の整備スタッフに不具合の修正箇所や部品交換が必要な箇所を指示できるようにした。

航空機が到着する前に整備に必要な部品を手配し、整備スタッフをスタンバイさせておけば、短時間でメンテナンスを終わらせることができるだろう。それは、航空機の定時運行につながる。「エンジンの出力×稼働時間」で儲けるという、新たなビジネスモデルにおいて、**ＩｏＴでメンテナンスの時間を短縮し、エンジンの安定稼働を実現することは、定時運航、つまり航空会社のメリットにもつながっていく。**

「買いたい」から「使いたい」へ、ニーズの変化に対応

じつは、ロールス・ロイスもプラット&ホイットニーもGEと同様のビジネスモデルを実践している。その背景には、航空機業界全体に、エンジントラブルなどによる航空機の遅延が大きな問題となっていることがあるようだ。米国運輸省の調査によると、飛行機が遅れることによって発生する費用は2013年度で年間80億ドル（約8800億円）と9000億円近い金額にもなっているという。

さらに、GEでは、IoTでモニタリングしたデータを詳細に分析し、さまざまな航空路線において、「燃料消費が少ない最適な飛行ルート」を算出し、航空会社にデータとして提供している。これも新しいGEのビジネスだ。巨大な航空機エンジンメーカーであっても「モノをつくって売る」ではなく、「使ってもらってお金を稼ぐ」ビジネスモデルへと移行したことを示している。**顧客や消費者のニーズがモノを「買いたい」から「使いたい」に移ってきている**ということ。そこに新たなビジネス誕生のヒントが隠されているかもしれない。

儲けのポイント

「つくって売る」から「使ってもらって稼ぐ」へシフト

ＧＥ（ゼネラル・エレクトリック）

「つくって売る」から「使ってもらって稼ぐ」ビジネスモデルへ

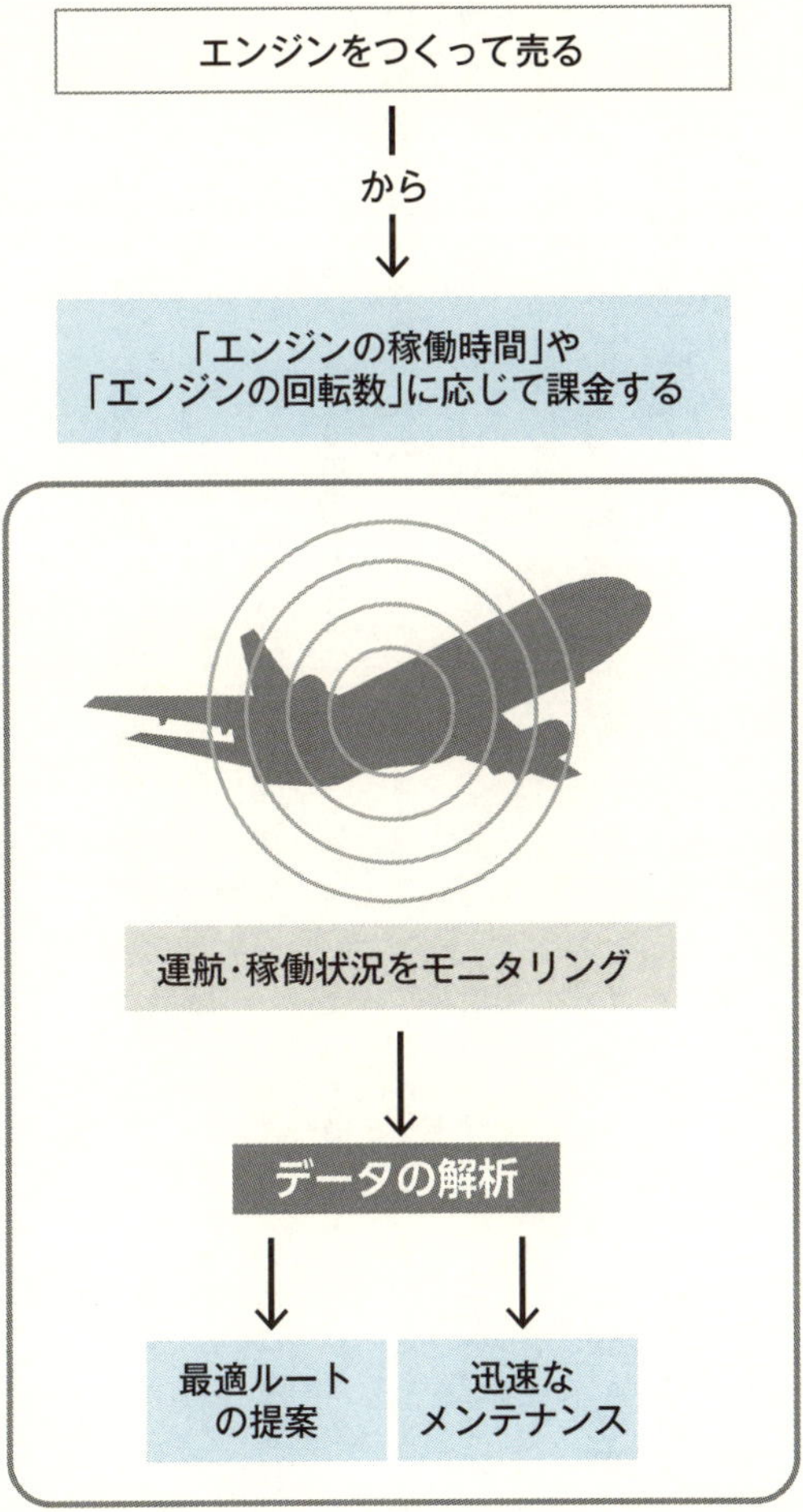

コマツ

――世界トップクラスの建設機械メーカーは、「建機が集めた」データで儲ける？

ITシステム「コムトラックス」で世界中の建機を「見える化」

小松製作所（コマツ）は日本で最大のシェアを誇る建設機械メーカー。世界シェアでもアメリカ・キャタピラー社に次ぐ堂々の2位で、国際企業としてアメリカの他にヨーロッパ、アジア、中国、ブラジルなど世界各地に50カ所もの生産拠点を構えている。

取り扱い商品からして重厚長大なイメージを受けるコマツだが、その好調なビジネスモデルの中核にあるのは、じつはコムトラックス（KOMTRAX＝Komatsu Machine Tracking System）というITシステムだ。

このコムトラックスは、世界中で稼働台数約50万台ともいわれるコマツの建機が発信する情報を、通信衛星回線や携帯電話回線を通して一手に集めるシステム。それぞれの建機が今どこでどのように稼働しているか、燃料はどれくらい残っているか、故障した場合は、どこが故障したかなどの情報が逐一、コマツに送られてくる。

このコムトラックスが集めた、世界中の工事現場や建設現場で動いている「コマツの建

機からの膨大なデータ」が、じつはコマツの利益の根源だ。

例えば、コマツの建機が故障した場合、現場から電話連絡が入るより早くコムトラックスが故障箇所や故障の状態、必要な交換部品を知らせてくれる。その情報をもとに近くの販売代理店が純正交換部品を持って迅速に現場に駆けつける。これが積もり積もれば、故障やトラブルで建機が稼働できない状態が減り、作業効率全体が上がるわけだ。

故障以前に常時建機をモニタリングすることによって、オイルや消耗パーツなどの交換時期が予測でき、故障発生を未然に防ぐこともできる。こうしたことはユーザーだけでなく販売店にとっても明らかなメリットだ。

建機は、本体価格そのものより、メンテナンス費用やランニングコストのほうが高く、時にそれは本体価格の10倍にもなることがあるという。

だからこそ、**事前に故障を防いでメンテナンス費用を抑え、稼働状況のモニタリングで燃費向上を図り、ランニングコストを下げれば、コマツユーザーやコマツの販売店にとって大きなメリット**だ。結果的に「やっぱり建機はコマツだ」「他社とは違う」となって、どんどん売れる。

エンジンを遠隔操作でストップ！ 盗難・未払いを防止

ところで、せいぜい時速40キロメートル程度のスピードしか出せない建機が、作業時間外の夜中などにそれを超えるスピードで走っていたとしよう。考えられるのは盗難に遭い、トラックなどで搬送されているケースだ。

こんなとき、コムトラックスが遠隔でエンジンをロックし、始動させようとするとアラームを大音量で轟《とどろ》かす。結果、「コマツの建機は盗んでもムダ！」とわかって盗難率は下がり、さらには盗難保険料も下がるという副次効果までついてくる。これも利益に結び付く。

遠隔操作でエンジンをロックする機能は、建機レンタルの「レンタル料の未払い防止」にも大きな威力を発揮する。

例えば中国などでは、個人で建機を購入し、それを現場に貸し出すという「個人でリース」を生業にしているケースが多いというが、レンタル料が支払われないということもあるという。

そんなときには、遠隔操作でエンジンをストップ。現場では建機が動かなければ、工事や建設作業が進まなくて困ってしまうので、建機を借りた側はしぶしぶでもレンタル料を支払う。レンタル料金の回収率が上がるのだ。

コマツ

建機が発信する情報を解析、保守・運用サービスに活かす

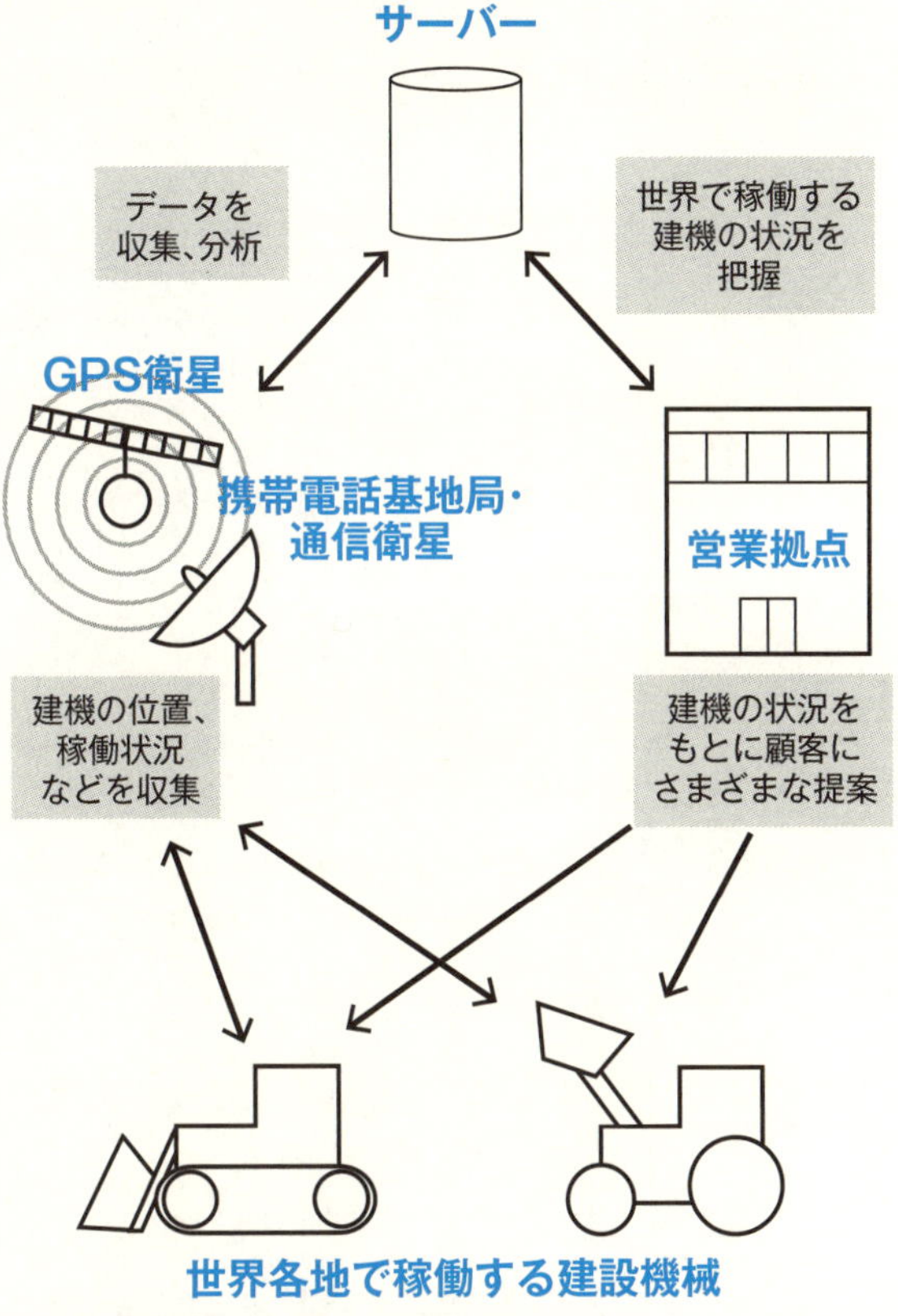

コムトラックスによる主なメリット

●建機の保守・運用サービスの向上で作業効率アップ、信頼性向上　●盗難の防止

●建機の稼働状況をマーケティングに活用

データ分析で現場作業のムダも改善

「データで儲ける」というコマツは、顧客にサービスを提供するためのマーケティングにもコムトラックスからのデータを活用している。先述のように、オイル交換のタイミングや、点検が必要な部品のデータが集まれば「予防保守」につながり、顧客の現場作業の効率も上がる。また、建機が動いていた時間と、エンジンがかかっていた時間とを対比させれば、「エンジンがかけっぱなしで放置されていた時間」を割り出し、作業現場のムダも改善できる。

顧客が、「コマツの建機は、サービスもいい」となれば、他社の建機と同等の価格、性能であったとしても、コマツを選ぶだろう。

販売店も迅速な顧客対応や純正部品販売によって高い利益が生まれ、もちろんコマツ自身も正確な需要予測や生産計画を立てられる。単に建機というモノの販売で終わることなく、モノから集まった膨大な情報、ビッグデータを活用してコマツにも顧客にも販売店にとっても有益な新しい価値を生み出す、これが「コマツ型ビジネスモデル」の本質だ。

儲けのポイント

建機が発信するデータを活用して価値を生み出す

イオンフィナンシャルサービス

――ＩｏＴを活用して「取りっぱぐれ」のないオートローンサービスを展開

取り立てるのではなく、「確実に返せる仕組み」をつくる

家を買うときに利用する住宅ローンや車を買うときのマイカーローンなど、さまざまなローンサービスがあるが、いずれの場合もローン会社が儲ける仕組みは、基本的には同じだ。金利をつけて、貸したお金よりも多くの金額を返してもらうというもの。シンプルなビジネスモデルで、ほぼ確実に儲かると思えるが、リスクもある。貸し付けたお金を回収できないというパターンだ。

こうしたリスクをいかに最小限に抑えて、貸したお金を確実に回収するか。多くの場合、ローンサービスの提供者側が「取り立てる」のだが、それではどうしても対症療法になってしまう。ローンを返済できない人が出てくる限り、繰り返し督促状を送りつけ、取り立てをしなくてはならない。

そこで発想を転換し、そもそも「借りた人が、ローンを返済できなくなる状態をなくす」、つまり、「確実に返済できる」ように「安定した仕事で収入を得る」のをサポートするロ

ーンサービスがある。大手スーパー・イオンの金融事業を手がけるイオンフィナンシャルサービスが、フィリピンやカンボジア、インドネシアで展開しているオートローンサービスだ。

インドネシアは、人口2億6000万人の東南アジアの大国だ。世界のおもな新興国の中で、2000年から2018年にかけて、一度も経済成長がマイナスにならなかったのはインドネシアだけだという。現在も、旺盛な個人消費をもとにした「内需主導型」の経済成長が継続している。

とりわけ注目すべきが、自動車市場の拡大だ。自動車保有率こそ、まだ6%にすぎないが、新車・中古車を合わせた車の販売台数は2017年に350万台を超え、2022年には500万台を突破すると予測されている。あわせて、首都のジャカルタを中心にスマートフォンアプリを使った配車サービスが急速に普及し、人々の暮らしの中に浸透しつつあるという。

インドネシアでは、Uber（ウーバー）をはじめ、東南アジア最大の配車サービスであるGrab（グラブ）、バイクタクシーの配車サービスからスタートしたGo-Jek（ゴジェック）などが、サービスを展開。ドライバーの就業ニーズも拡大している。

ローン返済が遅れると車のエンジンがかからなくなる

その一方で、人口の約半分が銀行口座を持っていないというインドネシアでは、ドライバーの信用不足から車を買うためのローンを組めない人もとても多いという。つまり、車さえ手に入れれば、ドライバーとして独立開業して安定した収入を得るチャンスがあるにもかかわらず、それができない状況なのだ。

こうした状況に目をつけたのが、イオンフィナンシャルサービスのオートローンだ。通常のオートローンとの大きな違いは、貸したお金を回収できないリスクを徹底的に小さくしていること。「取りっぱぐれ」をなくすための工夫をしている。

具体的には、**オートローンを組んだドライバーに、エンジンを遠隔操作できるIoTデバイスを搭載した車を販売し、返済が遅れたらエンジンを遠隔操作で動かないようにしてしまう。**もちろん、このIoTデバイスをドライバーが勝手に取り外してしまった場合でもエンジンはかからない。

ドライバーは、オートローンによって車を手に入れることができ、仕事にも就ける。きちんと働けば、モータリゼーションが急速に普及しているインドネシアでは、安定した収入を得られるだろう。ドライバーの暮らしが安定し、取りっぱぐれもなくなる仕組みだ。

確実な回収を実現するための、新たなローンのモデルケース

ローンサービスは、貸したお金を「確実に返してもらう」ことができれば、利子の分、儲かるビジネスだ。ただし、イオンフィナンシャルサービスが目指したのは、単純にお金を貸して、それを回収して「利ざやを稼ぐ」というビジネスではない。そのことは、同社がインドネシアに先だってフィリピンやカンボジアで開始したオートローンサービスからもわかる。**排ガス規制にも配慮した新型の車をドライバーに提供するなどして、ドライバーの就業機会の創出とあわせて、環境負荷の少ない交通インフラの整備にも取り組んでいる**のだ。

ローンサービスではあっても、「貸したお金をどうやって回収するか」だけにこだわらず、借りた人たちの仕事や暮らしの安定にまでを目を向けることで、確実な回収を実現しようとしている。新たなローンのモデルケースといえそうだ。

儲けのポイント

「お金を借りたい人」に「返せる手段」も提供し市場創出

イオンフィナンシャルサービス

貸したお金を回収できないリスクを小さくする仕組みを構築

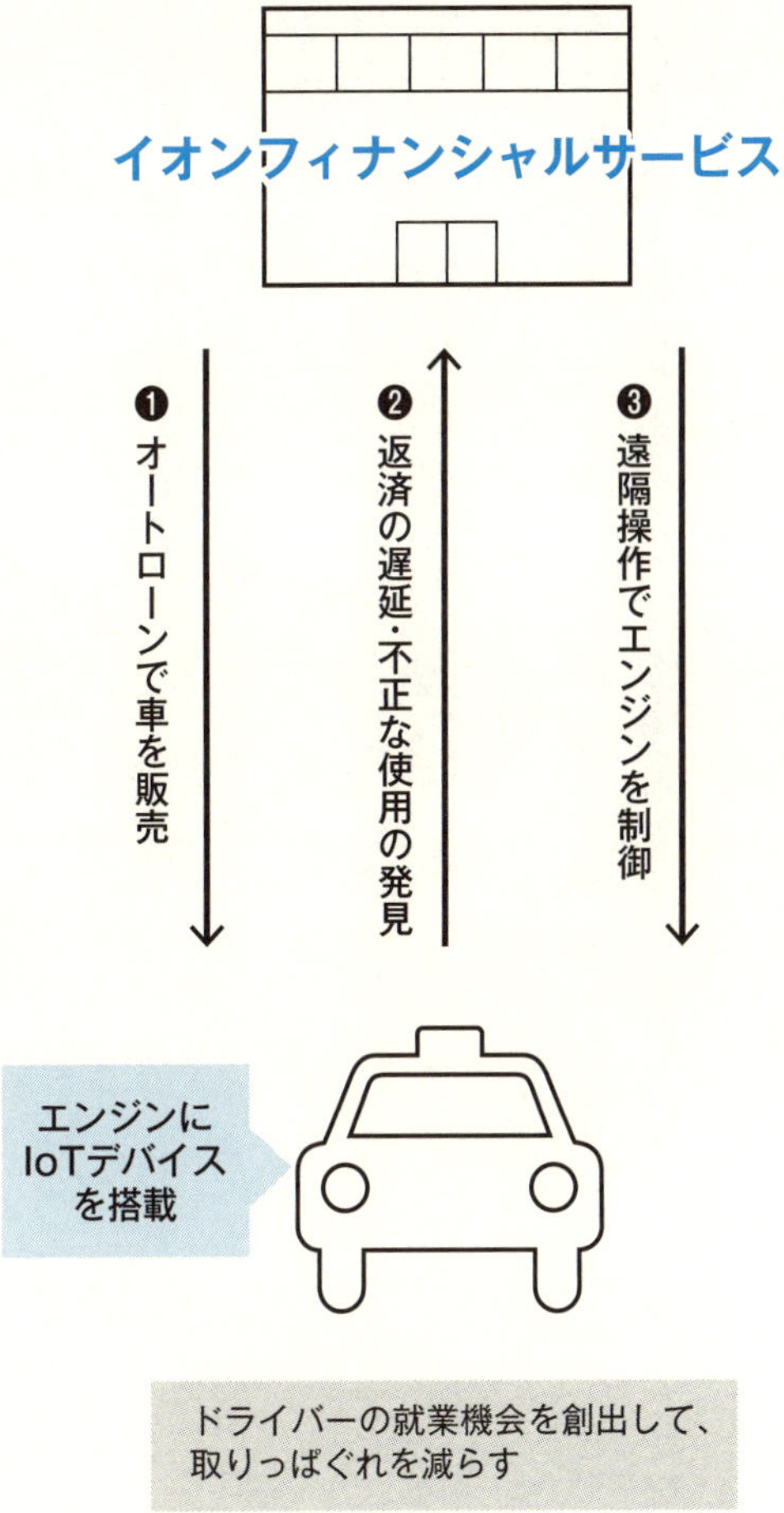

Ｓａｎｓａｎ
――99％という驚異の継続率を誇る名刺管理サービスの成長の原動力

市場シェア82％、約７０００社が導入

「それさぁ、早く言ってよ～」のテレビCMシリーズでお馴染みのＳａｎｓａｎ。名刺を専用のスキャナーでスキャンして、クラウド上のサーバーで保存する名刺管理サービスを提供している。会社でこのサービスを導入すると、全社員が集めた名刺をまとめて管理できるようになる。クラウド型の名刺管理システムだ。テレビCMではないが、大切な顧客企業のキーパーソンとコンタクトを取りたいが、「連絡先がわからない」といったとき、社内の誰かが名刺交換をしていたら、そのデータを名刺管理システムの中から探し出せる。社員のみんなが交換した大切な顧客情報である名刺を、社員みんなの共有財産として活用できるのがメリットだ。

Ｓａｎｓａｎが、多くの人に知られるようになったのは、テレビCMの効果によるところが大きいが、設立は10年以上前の２００７年。当初は、Ｌｉｎｋ Ｋｎｏｗｌｅｄｇｅ（リンクナレッジ）というサービス名だったが、２０１３年にＳａｎｓａｎに変更し、同時に

サービス名の認知度向上のためのテレビＣＭも開始した。

現在では、他社もさまざまな名刺管理サービスを提供しているが、Ｓａｎｓａｎは市場シェア（金額ベース）で82％を獲得。約７０００社に導入されているという。創業からわずか10年たらずで、市場シェアで圧倒的な優位を確保したＳａｎｓａｎ、さぞ儲かっているのだろうと思いきや、じつは「赤字企業」だ。儲かってはいない。ただし、そこには理由がある。

官報に公示されたＳａｎｓａｎの２０１８年５月期の業績では、売上高が前期比51％増の73億１８００万円となったものの、当期純利益がマイナス32億９４００万円。不思議なことに、売上高はここ数年、急拡大しているのに赤字が続いている。

詳しく見ていくと、売上高の推移は２１０４年５月期が12億８９００万円、２０１５年５月期が前期比61％増の19億６３００万円、２０１６年５月期が同60％増の31億５０００万円、２０１７年５月期が53％増の48億３４００万円。ここ４年間は、前期比50％以上の成長率を維持している。売り上げをこれだけ伸ばしながらも、当期純利益は、毎年マイナスを記録。２０１８年５月期には、先述の通り30億円以上の赤字となってしまった。

利益を出すことより優先している戦略

赤字が続いている理由の一つは、販売管理費の増大、つまりはテレビＣＭの費用がかかっているからだ。テレビＣＭはお金がかかるので、ある意味、「赤字を承知」でＳａｎｓａｎがテレビＣＭを継続しているとも考えられる。その狙いは、**Ｓａｎｓａｎの認知度をさらに高め、現在の82％のシェアをさらに拡大し、市場での圧倒的な優位を確立するため。**

そして、とにかく「一度でいいから」「使ってもらうこと」を狙っている。

というのも、**Ｓａｎｓａｎのサービスは、導入した企業の「継続率が99％」と極めて高い**のだ。この驚異的な継続率からもわかるように、一度でも導入して使ってもらえば、後から「使うのを止めます」ということがほぼ１００％ないのだ。

日本国内には大中小あわせて約３６０万もの企業があることを考えると、たとえ市場シェア82％とはいえ、「まだ７０００社にしか導入されていない」とも考えられる。市場はまだまだ広大だ。競合サービスもそこを狙う。だからこそ、今はまだもっと多くの企業にＳａｎｓａｎを知ってもらい、とにかく一度でも「使ってもらう」ことが大切になる。

Ｓａｎｓａｎが、赤字が続いてもテレビＣＭを流す理由はそこにある。テレビＣＭによる認知度のさらなる向上は、戦略上、重要なのだ。

Sansan

継続率99%を維持する秘密

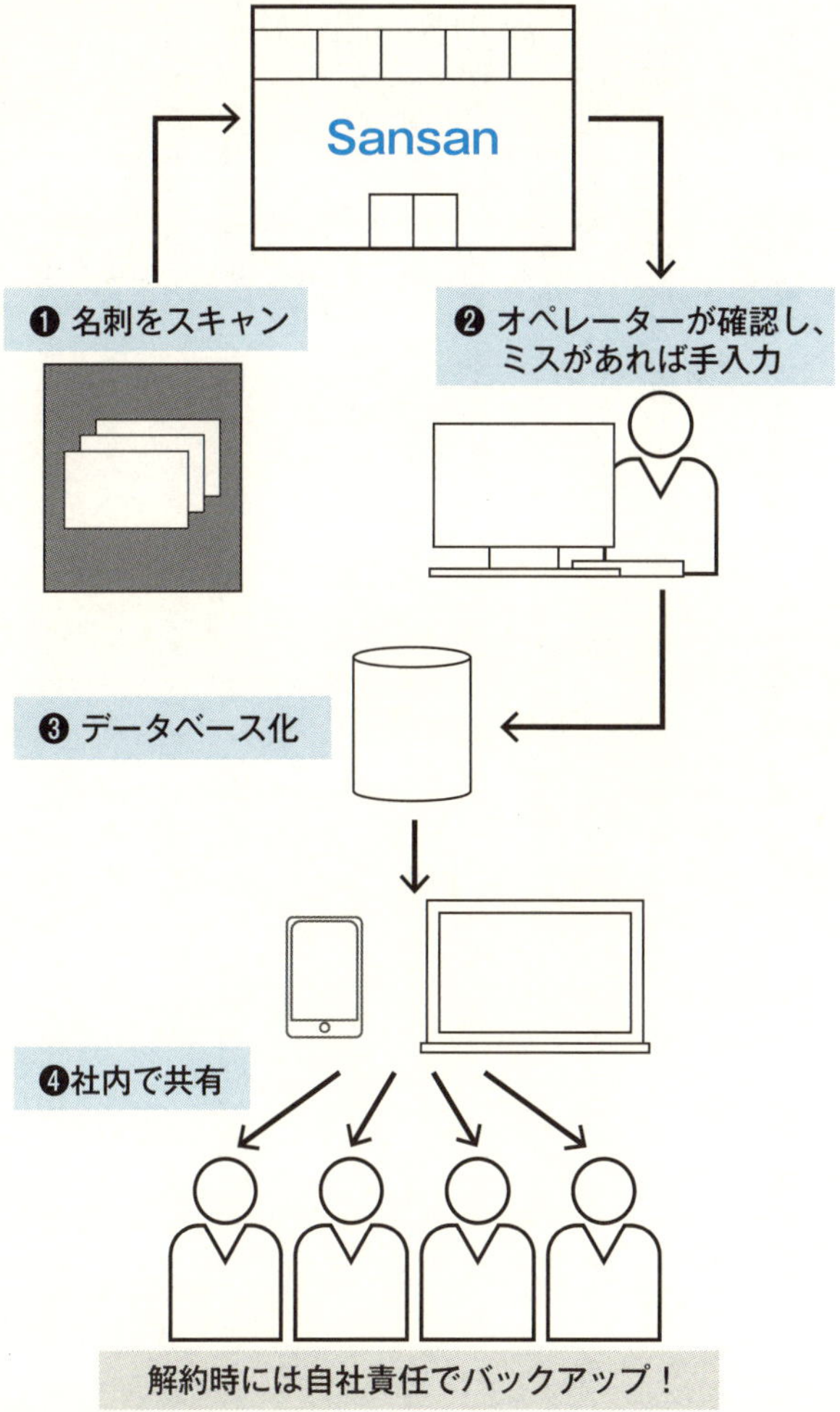

＋αの〝ひと手間〟でライバル社を突き放す

それではなぜ、Ｓａｎｓａｎのサービスは継続率が99％と極めて高いのか。名刺を専用スキャナーでスキャンすればデータベース化されるという使いやすさも理由の一つ。さらに、Ｓａｎｓａｎでは、名刺をＯＣＲ（光学的文字認識装置）で読み込み、スタッフが確認し、ミスがあれば修正している。競合サービスがＯＣＲでの認識精度に問題があることが多い中、**Ｓａｎｓａｎでは、「ＯＣＲ＋人の手」で「精度99・9％」を実現している。**精度が高いから競合サービスに乗り換えられないのだ。

そして、もう一つ。Ｓａｎｓａｎを導入した企業では、サービスを解約するときに、クラウド上に保存された名刺データを、自社の責任でバックアップしなくてはならない。万が一、バックアップに失敗してしまうと、これまで蓄積してきた自社の資産である名刺データを消失してしまうことになりかねない。そんなリスクを取ってまでわざわざ他に切り替える企業が少ないということだ。

儲けのポイント

一度でも利用した企業に「解約されない」サービスを提供

出前館
――国内最大の宅配チェーン。成功の秘密はシェアリングサービスと…？

ピザや寿司、街のレストランまで、簡単に宅配を頼める

自宅にいて、何か食事の宅配サービスを頼もうというとき、「いつも思いつくのは、ピザか寿司ばかり」という人も多いのではないだろうか。そんなときに便利なサービスが「出前館」だ。スマートフォンの専用アプリや、**出前館のWebサイトに自宅の住所を入力すると、宅配可能なピザや寿司のほか、出前をしてくれる地元のレストランなどを表示してくれる。**ようは、宅配してくれるお店をすぐに探せて、そのまま注文までできてしまう「出前取り次ぎ」サービスだ。「夢の街創造委員会」という名称の会社が運営している。

出前館のサービスがスタートしたのは、2000年。じつは、約20年も前からサービスを提供してきたが、ここ数年の業績の伸びが目立っている。外食産業全体に復調の兆しが見えつつあるとはいえ、出前館は3期連続できちんと増収増益。2018年8月期決算では、売上高54億3000万円、営業利益8億3700万円を突破した。2019年8月期には、営業利益が一気に88％減の1億円にまで縮小するとしているが、これは新聞販売店と協業して配達機能を拡充し、デリバリー機能を持たない店舗でも加盟店になれるという「シェアリングデリバリー」事業などに投資するため。売上高は約76億円にまで拡大するという。本業の出前の取り次ぎサービスは「絶好調」だ。

ただし、巨大チェーンがひしめく外食産業市場にあっては、同社の売上高も営業利益もそれほど大きな金額ではない。同社は外食産業ではなく、シェアリングサービス事業者だ。しかも、自社では宅配ピザ店も寿司屋も運営していないのに、「国内最大の宅配チェーン」となったシェアリングサービスの成功企業だ。

その店舗数は、約1万8000店。国内最大の外食チェーンであるマクドナルドの6倍以上にもなる。宅配ピザチェーンの大手3社の店舗数を合わせても全国で1500店程度しかないことを考えると、桁違いの店舗数だ。

同社がここまで事業を拡大できた理由はどこにあるのか。一つには、「シェアリングサービスなのにアナログ」なところにある。出前館のサービスは、利用者からの注文を加盟店に伝え、加盟店から利用者の自宅に食事を届けるというもの。このとき、**出前館では受け付けた注文を原則「ファクシミリ」で加盟店に伝えている。**スマホアプリへのプッシュ通知などではなく、ファクシミリ後に自動確認電話がかかるようにして確実に伝えている。

あえてファクシミリを使って加盟店の負担を減らす

加盟店には、宅配専門でなくレストランなども多いため、夕飯時などには店舗内が混み合う。メールやプッシュ通知では、本部からの注文を確認し忘れてしまうことがある。そこで、ファクシミリと確認電話だ。確認電話に対しては、簡単なボタン操作で注文を受け付けたことを本部に知らせることができる仕組みになっている。店舗側にしてみれば、確実に注文を受けられるだけでなく、特別なＩＴシステムを導入しなくても、出前館の加盟店となることができるといったメリットがある。さらに出前館は、**毎月の「携帯電話代より安い」金額で加盟店になれるようにし、加盟店になるハードルを徹底的に引き下げた。**

こうして、どんどん加盟店を増やしていったことが、同社が成功した秘密の一つだ。というのも加盟店が増えることが、同社の売り上げに大きく影響するからだ。

出前館に多種多様な店舗が加盟すると、利用者は「ピザか寿司」という選択ではなく、定食、釜飯、うどん、たこ焼き、本格インドカレーなど多種多様なメニューから食べたいものを選べるようになる。そうなれば、利用者が増え、注文が増える。ここがポイント。同社の売り上げは、その半分が、注文を受け付けて店舗に伝えるたびに発生する「手数料」収入だからだ。

手数料平均はたったの「116円」。でも儲かる秘密

先に記した2018年8月期決算では、売上高54億3000万円のうち約27億円が手数料による収入。それ以外は加盟店料や店舗の広告などによる売り上げだ。手数料収入が半分にもなるからこそ、同社は注文回数にこだわる。新規の利用者はもちろん、リピーターからの注文回数が増えれば、それだけ売り上げが伸びる。

ちなみに、2017年9月から2018年8月までの年間注文数は約2330万回、手数料合計が約27億円なので、平均すると1回の注文につき約116円の手数料となる。「わずか116円」とも思えるが、1万8000以上の店舗ネットワークを構築し、年間2330万回以上もの注文を受け付けることで、そのわずかな金額を積み重ね、事業を急成長させているのだ。

儲けのポイント

多種多様な店舗が加盟することで利用頻度を高める

出前館

国内最大の宅配チェーンの成功の仕組み

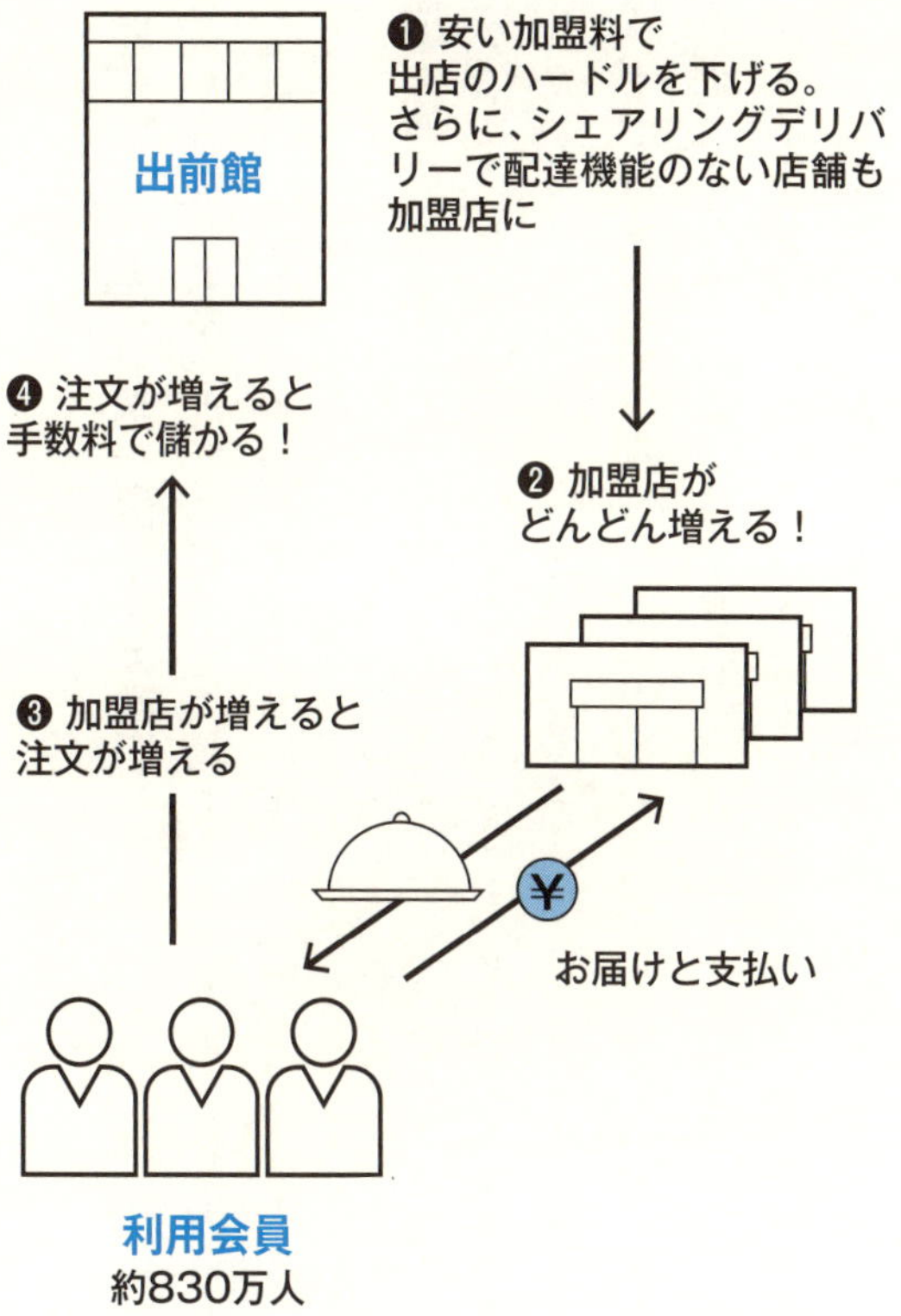

1つのアプリ、Webサイトで、
ピザから寿司、地元のレストランまで、
宅配してくれる店をすぐ探せる

あさひ

――自転車専門店チェーンを成長させた「オムニチャネル」での販売戦略

2007年東証一部上場以来、「増収」を継続中

国道や県道など幹線道路を車で走っていて、「あさひ」と書かれた大型の自転車店を見かけたことはないだろうか。全国に約460店舗ある「サイクルベースあさひ」(以下、あさひ)だ。

自転車産業振興協会によると、国内の自転車総販売台数は2016年の約779万台から、2017年には約767万台に減少するなど、ここ数年、縮小傾向にある。全国の自転車小売店の数も、かつては2万店舗以上とされていたが、現在は、約半分の1万1000店舗程度にまで落ち込んでいる。サイクリングを楽しむ人は多いが、自転車市場は全体として縮小傾向にあるといえる。そんな中にあって、あさひは、2007年の東証一部上場以来、「増収」を継続中。しかも、ここ3期は連続して「増収増益」を達成し、2018年2月期の決算では、売上高で前年比5%増の536億円を記録した。

あさひが好調な理由は、どこにあるのか。それは、2013年3月から開始した「自転

車のネット通販」の成功にある。それもただの自転車通販ではない。「ネットで注文、お店で受取り」ができるようにしたのだ。

自転車はアマゾンや楽天などのネット通販でも買えるが、例えば、「購入したはいいが、自分で自転車を組み立てるのが面倒」「防犯登録は、どうすればいいの？」「厳重な梱包が、大量のゴミになる」「自転車が届く時間帯には自宅にいない」など、じつは利用者からの不満も少なくないという。

あさひのネット通販は、それら利用者からの不満を改善した。**ネットで注文し、近くの店舗を指定すれば、その店舗にいる「自転車のプロ」であるスタッフが無料で組み立てて、引き渡してくれる。**防犯登録もその場でできるし、梱包ゴミも処分してもらえる。さらに、自転車のプロに、引き渡し前の点検やオプションパーツの取り付けなども頼める。

こうしたサービスが好評で、あさひの2018年2月期の決算では、ネット通販の売り上げが、前期比約43・9%増の37億2300万円と、約1・5倍にも拡大した。それにともなって、売上高に占めるネット通販の割合も前期の5・1%から6・9%へと高まっている。ネット通販の成功が、あさひが好調な理由の一つといえるだろう。

「土地350坪」、大規模店にこだわる理由は

もう一つ、あさひが成功している理由は、幹線道路沿いに大規模なロードサイド店を出店するという、創業以来の戦略を継続していることだ。最近でこそ、大型ショッピングモール内などへの出店も増えてきたが、創業者で代表取締役社長の下田佳史氏は、以前にあるメディアのインタビューで「土地が300〜350坪」、売り場として「150〜200坪」を確保できることを出店の目安としていると語っている。

店舗の面積を広くとれば、それだけ多くの自転車やパーツを並べられるし、駐車場も備えた店舗とすることで、近くにあさひの店舗がない顧客でも車で来店して自転車やパーツの現物を確認できる。

さらに、**店舗の売場面積を大きく確保し、そこに品揃えを充実させることで、実際にモノを見てから購入するかどうかを決めたいという顧客のニーズにも対応できる。**大型の店舗で品揃えを拡充し、自転車や部品などの現物を確認できるようにして、確認した人がネットで注文して、その店舗で受け取れるようにした。

こうして、ネットショップとリアル店舗を融合した「オムニチャネルでの販売戦略」の成功が、あさひの成長の原動力となっているといえるだろう。

あさひ

オムニチャネルでの販売戦略が功を奏す

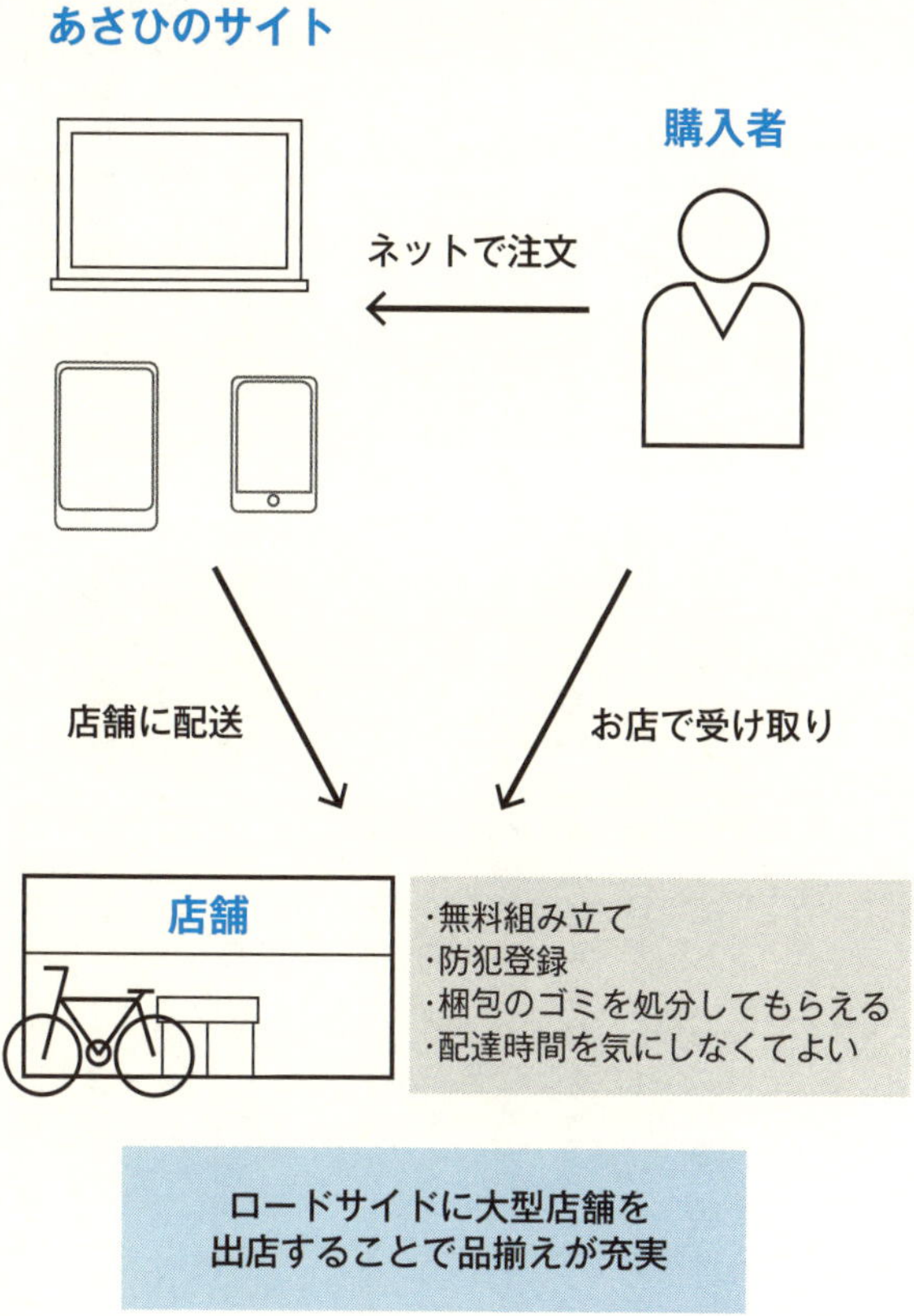

縮小傾向の市場の中で売り上げを伸ばすには

自転車市場は全体としては縮小傾向にあるものの、電動アシスト自転車やロードバイクなど、快適性や趣味性を備えた付加価値の高い自転車は好調だ。あさひのネットショップでは、電動アシスト自転車はもちろん、店舗では十分な品揃えが難しい「プロ仕様」の自転車パーツやアクセサリーの販売にも注力している。こうした品揃えの充実ぶりも、あさひが成功している理由の一つだ。

とくに、あさひでは自社開発のプライベートブランド（ＰＢ）にも注力している。会社員がビジネスバッグを前カゴにすっぽり入れられるように工夫した「オフィスプレス」シリーズや、子どもがサッカーボールを前カゴに入れられるようにした自転車などだ。ＰＢの開発には、ロードサイドのリアル店舗に寄せられた顧客の声が活かされている。あさひは、２０２１年２月期に売上高６６０億円、５３０店舗を目標としている。ネット通販の売上目標である30億円は、すでに２０１８年２月期で達成済み。さらなる業容拡大を目指す。

儲けのポイント リアル店舗を巨大なショールームに

サイゼリヤ
——メニューが低価格でも儲かる仕組みは「バックヤード」にあり

店舗の「コストゾーン」は、じつはキッチンだった

ミラノ風ドリア299円（税込み・以下同）、ハンバーグステーキ399円、コーンクリームスープ149円、グラスワイン100円……。これらはすべて2018年12月時点でのサイゼリヤのメニュー価格だ。あらためてその安さに驚く人も多いだろう。

例えば、ハンバーグステーキ。同じファミレスチェーンのデニーズには何種類ものハンバーグステーキがラインアップされているが、一番安い和風ハンバーグが699円（税抜）。低価格路線のガストでも、一番安いハンバーグステーキは449円（税抜）。サイゼリヤの、「税込み399円」がいかに安いかがわかる。

しかも、2014年に消費税が5%から8%に引き上げられたとき、他のレストランチェーンが増税分を価格に転嫁し、値上げする中にあってもサイゼリヤはメニュー価格の大半を据え置いた。

こんなに安くて儲かるのだろうかと思ってしまうが、『会社四季報』に掲載されている

サイゼリヤの売上高は、2014年から2018年までは5期連続で順調に伸び続けている。営業利益も2014年8月期~2017年8月期（サイゼリヤは8月決算）まで4期連続で増益。2018年8月期だけ、営業利益が対前期を下回ったが、それは円安による食材仕入れコストの上昇や国産野菜価格の高騰、人手不足による人件費の高騰などが原因。外部要因であって、サイゼリヤが本来的に持つ「稼ぐ力」に陰りはなく、2019年8月期には、2018年8月期を10％上回る予想だ。再び増収増益路線に復帰する。

あわせて、2018年8月時点でサイゼリヤは国内1085、海外384、合計1469の店舗網を持つが、特に海外事業は利益率も高く好調。増益復帰の大きなエンジンになると考えられている。

安くても儲かるサイゼリヤの秘密はどこにあるのか。それは**店舗の「コストゾーン」の縮小**にある。コストゾーンとは、具体的にはキッチンだ。サイゼリヤは店舗面積に占める割合を従来比の半分にしたのだ。サイゼリヤでは、全国に小型店舗が数多くあったが、どの店舗もキッチンの占める面積が意外と大きかったという。そこで、2015年からキッチン面積を半分にした店舗の導入を開始。すでに「キッチン縮小型」店舗は100を超えたという。

キッチンが小さいと一等地にも店を出せる

なるほど、店舗全体の面積は変えずにキッチンの面積を小さくすれば、その分、客席を増やして売り上げを増やすことができる。一方、キッチンの面積を小さくした分、店舗全体の面積も小さくすればテナント料や土地購入費、建設費なども低く抑えられる。

実際、サイゼリヤはキッチンを小さくすることによって、都心の狭小地をはじめ、これまでは出店できていなかった地域にも進出できるようになった。それを裏付けるように、近年、サイゼリヤの新規出店はアクセスの良い駅前やテナントビルやショッピングセンター、商業施設などにほぼ限られ、逆に郊外型の不採算店はどんどん閉店している。

今、サイゼリヤではイタリア直輸入のグラスワイン1杯100円が人気だ。それは単に値段が安いという理由だけではないだろう。店舗が駅前にあるので車で来店する必要がなく、安心してお酒が飲める、しかも、料理はリーズナブルなイタリアンだ。こうしたことも、サイゼリヤの「キッチン半分戦略」がもたらした効果といえる。

ところで、なぜキッチンを半分にできたのか。それは、基本的に「調理をしない」から。サイゼリヤのキッチンに調理器具はほとんどなく、ガスレンジもないという。セントラルキッチンでほぼ完璧に仕上げられた料理が店舗に運ばれてくるので、キッチンを小さくできたのだ。

1玉から5人分以上のサラダがつくれるレタスも開発

もう一つ、サイゼリヤが儲かる理由として忘れてはならないのが、食材を自社生産していること。しかも、ただの自社生産ではなく、栽培・収穫から加工、調理まで一貫して行う製造直販。例えばレタスなどは、種の段階から開発している。普通のレタスが1玉でサラダにして数人分しかとれないところを、サイゼリヤは品種改良により5人分以上とれるような高効率のレタスを開発した。

各店舗で使うホワイトソースも、牛乳が安価なオーストラリアに専用の工場を建設して製造している。こうした、食材の自社生産でコストを抑え、店舗のキッチンを通常の半分にまで狭くしたことで、店舗あたりの売上高を上げる。こうした取り組みが、安くても儲かる秘密といえそうだ。

儲けのポイント 店舗を「ほぼ客席」にして、利益を生まない場所を減らす

サイゼリヤ

コストゾーンの縮小で低価格でも利益を生む構造に

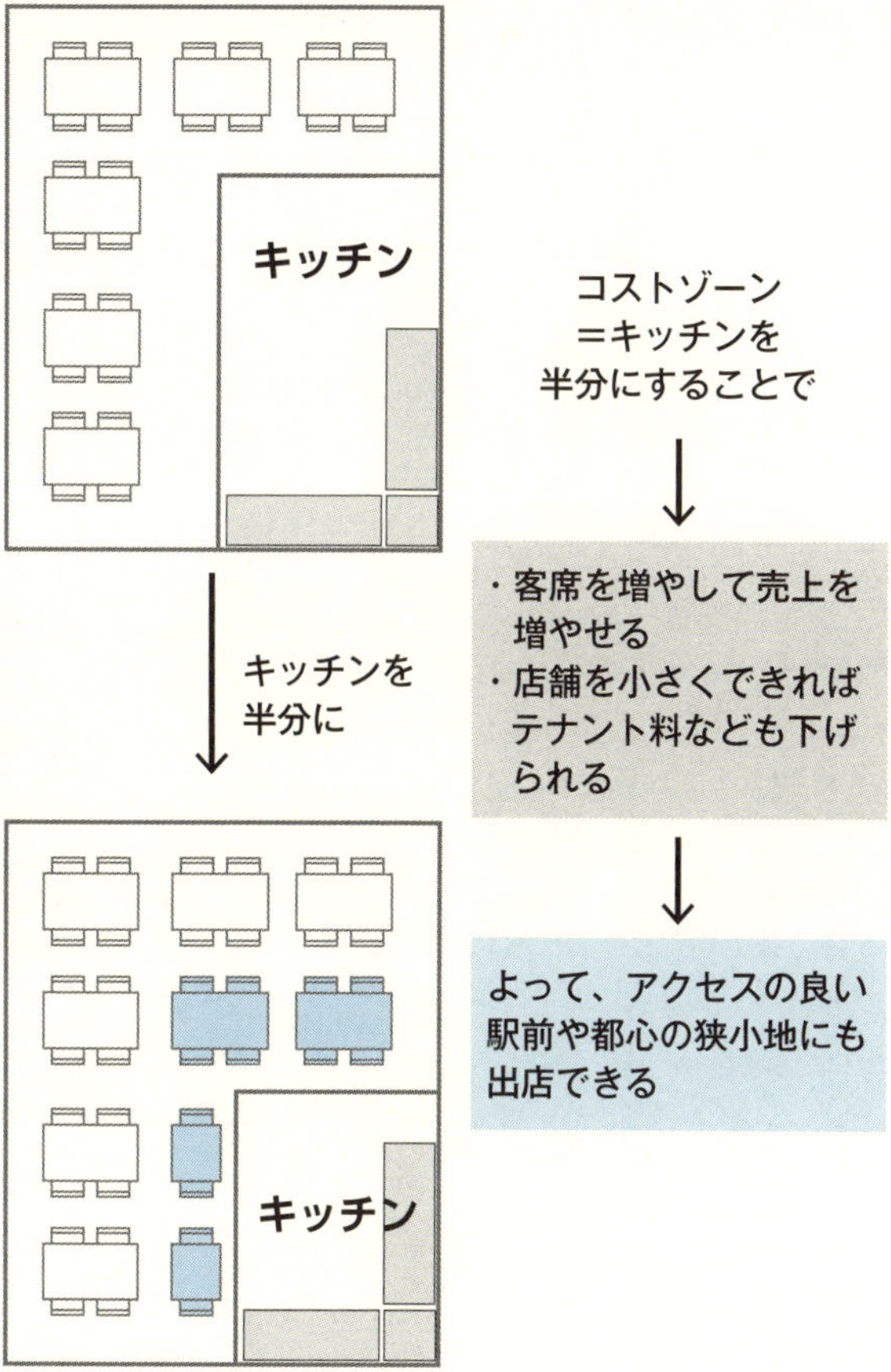
キッチン
キッチンを
半分に
キッチン
コストゾーン
＝キッチンを
半分にすることで
・客席を増やして売上を
増やせる
・店舗を小さくできれば
テナント料なども下げ
られる
よって、アクセスの良い
駅前や都心の狭小地にも
出店できる

「儲けの仕組み」を変えるとは、「あえて～する」こと

どんなビジネスにも「儲けを出す」仕組みがある。製造業であれば、原材料費や製造にかかる時間や人手を少なくして、まずは製造コストを抑える。その上で、利益を十分に確保できる価格で売る。飲食店チェーンでも同様だ。コストを抑え、美味しい料理を提供し、利用客を増やせば儲かる。製造業には製造業の、金融業には金融業のビジネスモデルがあり、儲けの仕組みがあったのだ。

ところが、今、成功している企業の儲けの秘密を探ってみると、従来のビジネスモデルにおける「儲けの仕組み」を変えることで、利益を上げているケースが多いことに気がつく。

こうした、儲けの仕組みを変えたビジネスに共通するキーワードは、**本業を成長させるために「あえて○○してみた」**ということではないだろうか。

第2章で紹介した企業の中では、例えば、GEは航空機のエンジンメーカーでありながら、あえて「エンジンを売る」のではなく、エンジンのさまざまな稼働状況のデータを集計・分析し、エンジントラブルを防いだり、航空会社に燃料消費の少ない最適な飛行ルートを示し

たりしている。製造業からサービス業への転換だ。

また、イオンフィナンシャルサービスは、「お金を借りてくれる人を増やす」という、一般的な金融業のビジネスモデルに注力するだけではなく、あえて、東南アジアの人たちの就業を支援し、「確実に返せる人を増やす」ことに取り組んだ。つまり「市場を醸成する」ことから着手したのだ。

Ｓａｎｓａｎは、名刺管理サービスで、ＩＴなどシステム任せにせず、あえて「人の手で確認・修正」するようにし、他社よりも精度の高い名刺管理を実現した。出前館は、注文ミスをとことん減らすため、あえてファクシミリで店舗に注文内容を伝えるようにした。

「あえて○○してみる」ことで、それが顧客に対する付加価値となり、そこが認められれば、製品が売れたり、サービスが導入されたりする。それが、ビジネスモデルを変えていくきっかけとなり、儲けにつながっていくという構図だ。

その視点を持って、今の成長している企業を見直してみると、本章で紹介した企業だけでなく、多くの成功者が、儲けの仕組みを変化させていることに気がつくだろう。

第3章

アマゾン、Tポイント、セブン銀行…

儲ける「場所」を変える

ビジネスには、儲ける「場所」がある。儲けの場所とは、わかりやすくいうと、ターゲットとする「市場」のこと。「このサービスでは、若年層ではなく高齢者を狙う」というように、狙うマーケットはどこか、そこが儲けを生み出す場所になる。

また、「どこから、どのタイミングでお金をもらうのか」というキャッシュポイントも、「儲けの場所」として考えることができる。飲食チェーンであれば、来店客が支払う飲食代がおもな収入になるし、銀行であれば、資金を貸し付けて利息を得ることで収益をあげている。飲食チェーンなら来店客が、銀行ならお金を借りる企業や個人が、キャッシュポイントであり、「儲けの場所」になる。

第3章では、ビジネスにおける儲けの場所を変えることで成功した企業を紹介し、そこに共通するビジネス成功のヒントを探る。

アマゾン

――世界最大手のネット通販企業。じつは通販では儲けていなかった？

日本人が一人年間1万円以上買っているアマゾン

アマゾンといえば、いわずと知れたインターネット通販の世界最大手だ。その品数は3億5000万点とも4億点ともいわれ、書籍や衣料品、食品などの定番商品から、棺桶まで、「売っていないモノはない」とまでいわれている。

そんな、アマゾンは、いったいどれくらい売り上げているのか。2018年の年間売上高は、約2329億ドル（約25兆6000億円）。このうちネット通販に関する売り上げは、約1229億ドル（約13兆5000億円）に達する。

ちなみに、日本のアマゾンのネット通販の売上高は、約1兆5000億円。これには、プライム会員などの会員費も含まれるものの、ざっくり、日本人全員、5歳の子どもから100歳近いお年寄りまで、全員が「年間に1万円以上」も、アマゾンで何かを買っている計算になる。

じつは赤字のネット通販、それではどうやって儲けている？

これだけ売りまくっているアマゾンだが、じつはネット通販は、それほど儲かってはいない。２０１７年など「赤字」だった。２０１８年には、全世界で約１兆３６００億円の営業利益を出したアマゾンだが、この利益はネット通販で得られたものとはいいがたい。

アマゾンは、ネット通販のほかにも、さまざまな事業を展開しているが、その一つが、企業などがインターネット経由でアマゾンが保有するサーバーなどのコンピューター、ソフトウェアを使えるようにするクラウドサービスだ。**「アマゾン・ウェブ・サービス」（AWS）と呼ばれているもので、アマゾンでは今、このクラウドサービスの事業が年率50％もの勢いで急成長している。**

そして、注目すべきはその利益。ＡＷＳの売上高は年間約２５７億ドル（約2兆８２７０億円）と、アマゾンの売り上げ全体の10％強にすぎないが、営業利益はなんと約８０００億円にも達する。

つまり、**アマゾンは、AWSの事業で、6割以上を稼いでいる**のだ。２０１７年に目を向けると、ネット通販ではなんと約２５０億円の赤字を出していた。それを、ＡＷＳで約４７５０億円の儲けを出し、結果的に約４５００億円の黒字をキープしているのだ。

世界で最初にクラウドサービスを始めたアマゾン

今や、アマゾンの利益の6割という稼ぎ頭となったAWSだが、アマゾンがAWSの事業を開始したのは、今から10年以上前の2006年。じつは、「世界で最初にクラウドサービスを始めた会社」ともいわれている。インターネットなどのネットワークを経由して、コンピューターやソフトウェアを利用するという考え方そのものは以前からあったが、一つのサービスとして、多くの企業に提供したのはアマゾンが世界初というのだ。

アマゾンの創業は1994年で、書籍のネット通販からスタートしたことはよく知られている。その後、ミュージックストアなどを開店していったが、企業の成長とあわせて、「お客様に新しいサービスを提供したくても、いちいちサーバーやネットワークなどのインフラを用意しなくてはならず、すぐに始められない」という悩みが社内から出てきたという。

そこで、2000年頃から「簡単に、素早く、『ワンクリック』でサーバーなどを用意できるようにしよう」と、社内で仕組みづくりに取り組んだのだ。思いついたアイデアを、素早くサービスとして提供できるようにしようという考えだ。それが、AWSのそもそもの始まりだという。つまり、当初は社外に提供するサービスとしてではなく、「社内で使う仕組み」として開発した。

「ネット通販の巨人」から総合ネットサービス企業に

その後、その仕組みをパートナー企業などに使ってもらったところ、非常に評判が良く、2006年に正式にAWSとしてサービスを開始した。

今や、世の中の企業のほとんどは、なんらかのクラウドサービスを利用しているとされている。そんな現状から今後もAWSの事業は成長を続けていくと予想される。

そして、アマゾンは、このAWSの好調に引っ張られ、ますます成長していくだろう。企業の価値の指標に、時価総額があるが、2019年1月7日時点でアマゾンは約7970億ドル（約88兆円）で世界トップとなった。ちなみに第2位はマイクロソフトで約7830億ドルだった。日本でトップのトヨタ自動車が約25兆円だから、そのすごさがわかるだろう。それもこれも、AWSの事業の好調が背景にある。書籍のインターネット販売で創業し、「地球上、最も豊富な品揃え」を実現した「ネット通販の大巨人」は、サーバーなどインフラも含めて提供する総合ネットサービス企業へと変わりつつある。

儲けのポイント

ネット通販から企業向けクラウドサービスに「狙う市場」を広げた

アマゾン

世界最大の通販サイトのサーバー活用が利益を生み出す

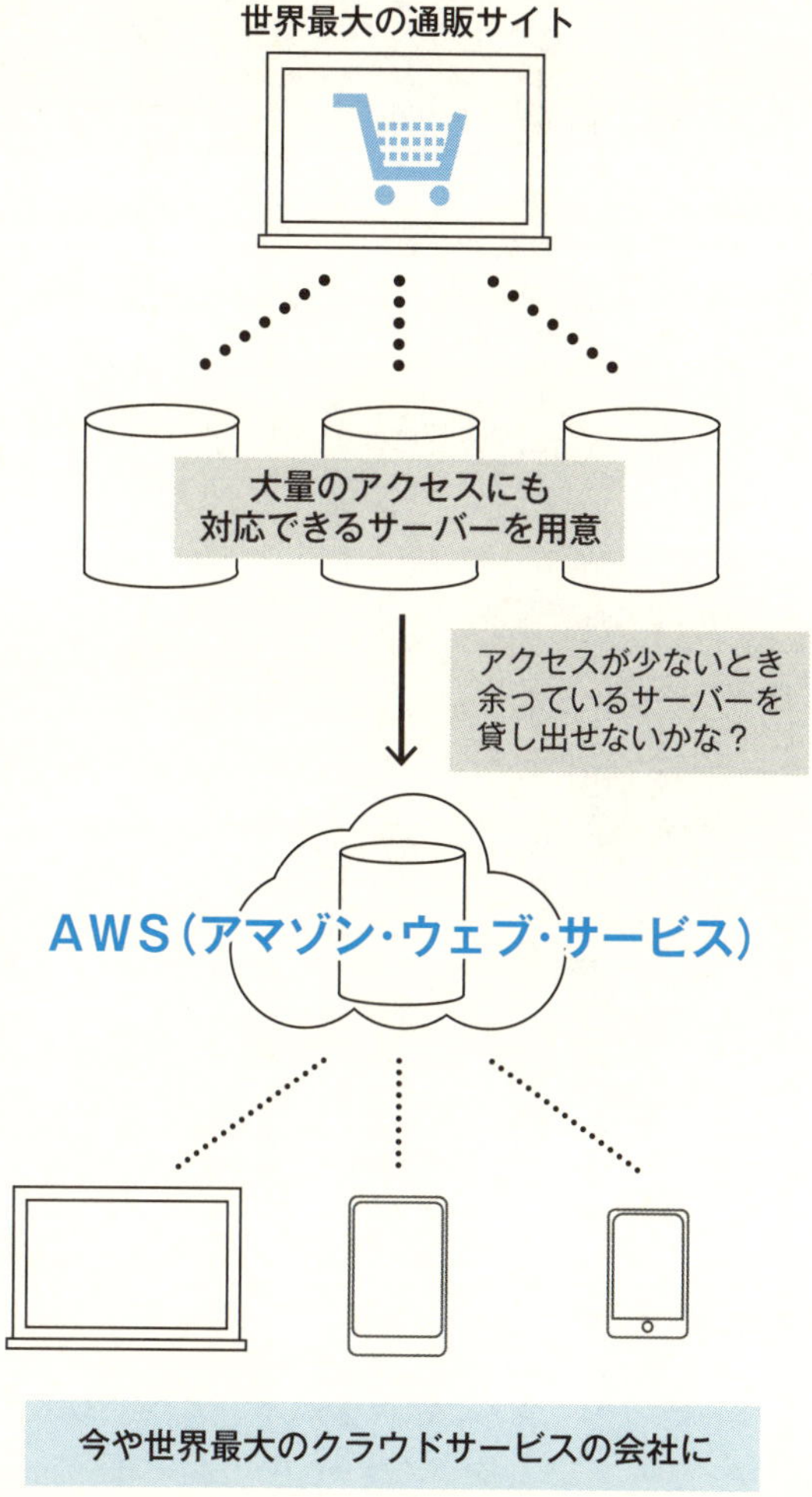

Tポイント
——会員から会費も手数料も取らないのに、驚異の利益率を誇る理由

じつはシンプルなTポイントの儲けの仕組み

Tポイントは株式会社Tポイント・ジャパンが運営する共通ポイントのサービスだ。Tポイント・ジャパンは、2012年にカルチュア・コンビニエンス・クラブ（以下、CCC）のTポイントプログラム運営事業が独立してできた会社で、現在、Tポイントの戦略的な事業の方向性などについてはCCCが決定し、その方針に基づきTポイント・ジャパンが運営している。

Tポイントの加盟店での支払い時に、「Tカード」を出すと、通常は100円につき1ポイントが付与される。Tカードの利用者は、1ポイントは1円として、他の加盟店での支払いなどに使える。おもな加盟店は、TSUTAYA、ガスト、エネオス、マルエツ、ANA、ソフトバンク、ヤフー、東京電力などで、例えば、「エネオスで給油したポイントを使って、ガストでランチを食べる」といった使い方ができる（2019年2月時点）。

Tポイントは2018年9月末の時点で、「アクティブ」（＝直近1年間にTポイントを

利用したことがある)、かつ「ユニーク」(＝Tカードを複数枚持っている会員を1人として数える)な会員数約6700万人、同年7月末時点で、全国約84万店で使える。

さて、このTポイントは、会費もないし、手数料もかからない。しかも、使うとポイントが貯まるので実質割引になる。無料(タダ)で使えて、しかも、お得になるこのサービス、運営するTポイント・ジャパンは、いったいどうやって儲けているのだろうか。

儲ける仕組みはじつはシンプルで、加盟店から手数料を取っているのだ。この点は、クレジットカード会社が儲ける仕組みと基本的には同じ。ただし、大きな違いがある。

それは、クレジットカードなどと比べて加盟店が支払う手数料が安いこと。利用者の支払い代金の約3％だ。さらに、この3％の内訳を細かく見ていくと、加盟店は、利用者が支払った金額の2％を純粋な手数料としてTポイント・ジャパンに納める。そして、残りの1％で、利用者に付与するTポイントをTポイント・ジャパンから購入している。「手数料＋Tポイントの購入費用＝3％」ということ。**Tポイント・ジャパンは「加盟店にTポイントを売っている」**のだ。

ケタ違いの売上高・営業利益率

つまり、加盟店側からすれば、ただ手数料を取られてしまうのではなく、「Tポイント、使えます！」と集客できるほか、購入したTポイントを使った「ポイント2倍サービス」など、独自のキャンペーンも展開できるようになる。

手数料が安く、集客効果が期待でき、Tポイントを使ったキャンペーンも展開できることから、加盟店は全国約84万店舗にまで拡大し、日々、6700万人近い会員が全国どこかでTカードを使うようになった。そして、そのたびにTポイント・ジャパンには手数料が入る。つまり、Tカードは、継続的に手数料収入をもたらす「自動集金ツール」なのだ。

わずか3％とはいえ、その手数料収入は膨大になり、あわせて、加盟店からは加盟金5万5000円、毎月7500円のシステム使用料が入ってくる。かなり収益性の高い事業といえる。事実、Tポイント・ジャパンの2018年3月期の決算は、売上高180億円に対し営業利益が82億5200万円。全業種の平均売上高営業利益率が3％程度とされ、情報通信業界でも4％前後とされているのに対し、**Tポイント・ジャパンの売上高営業利益率はなんと45％以上にも達する。**

Tカードという「自動集金ツール」がもたらす収益力は「桁違い」なのだ。

Tポイント

ポイントを「売って」儲ける仕組み

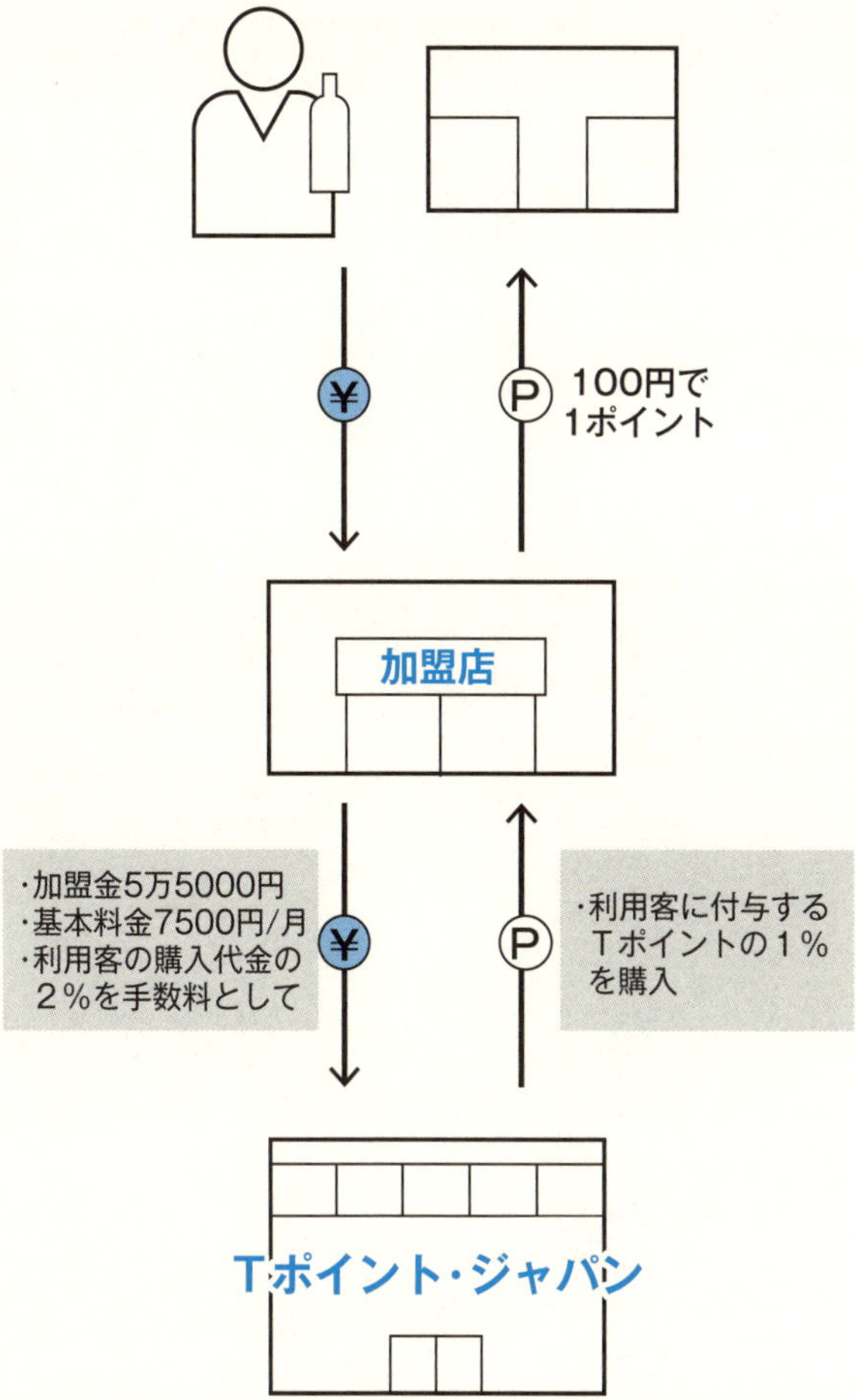

加盟店がどんどん増える好循環システム

もう一つ、儲けの仕組みがある。利用者には購入した金額の1%相当がポイントとして付与されるが、そのポイントは利用者がポイントを使うまで、Tポイント・ジャパン側にプールされる。利用者が支払いにポイントを使用した時だけ、その分が加盟店に返金される仕組みだ。もし、使われないまま失効するポイントがあれば、そのままTポイント・ジャパン側の利益となる。

加盟店がTポイントから受けられるサービスにも注目だ。Tカードを読み取る端末を貸してもらえるので、新たなシステム投資をしなくても、最短3週間でTポイント加盟店になれる。あわせて、自身の店舗でのTポイント利用状況を日々、パソコンやスマートフォンなどで確認できるほか、毎月の店舗利用者の属性などの分析レポートを受け取れるので、自分の店舗にマッチしたキャンペーンを独自展開できる。つまり、加盟店の販促支援までして加盟店になるハードルをぐっと下げ、加盟店をどんどん増やす。どんどん増えれば自動集金で儲かる仕組みだ。

儲けのポイント 加盟店に「Tポイントを売っている」

セブン銀行
――預金を集めない、融資もしないのに、なぜ銀行業で儲かるのか

店舗も人件費もいらない銀行ビジネス

個人や企業から利子を払ってお金を集め、そのお金をより高い利子を取って個人や企業に貸し付けて利ザヤを稼ぐ、ひと言でいえばこれが銀行のビジネスモデルだ。

だが、セブン銀行のビジネスモデルはこの常識を大きく覆す。普通預金、定期預金、カードローンなど、「普通の」銀行と同じようなサービスはあるものの、支店がないセブン銀行は「金利○○％、ぜひ、セブン銀行の定期預金を」などというチラシを顧客に配布することもない。個人や企業からの預金の獲得に積極的に取り組んでいるようにも見えないし、企業に大型融資をするわけでもない。かろうじて店舗と呼べるようなものは東京の上野、神奈川県の川崎、埼玉県の川口、愛知県の名古屋の全国で4カ所にあるだけなのに、セブン銀行は確実に儲かっている。支店がないから人件費もほぼかからない、それが儲けの秘密ともされるが、それだけではない。

店舗の代わりにあるのが、全国に2万4756台設置された（2018年9月末時点）

幅45センチメートル・奥行60センチメートルの「セブン銀行ATM」だ。**セブン銀行の利益を稼ぎ出しているのは、このATMの利用手数料**なのだ。

セブン銀行と提携している銀行の中には、利用客が一定の条件を満たしていれば月数回まで手数料を無料にしているところもあるが、通常、利用者は時間帯によって1回の引き出しで108円や216円といった手数料を取られる。その手数料収入はいったん銀行に入り、その後一部がセブン銀行に戻される。それこそが、セブン銀行の収益の柱だ。

ATMの利用手数料は、たしかに1回あたりにすればわずかな額だが、2018年3月期決算では、セブン銀行が提携している提携金融機関は、銀行、信用金庫、信用組合、労働金庫、JAバンク、JFマリンバンク合わせて600を数える。VISAや銀聯マークがついた海外発行カードでも現金が引き出せるし、セブン銀行ATMは日本語のみならず英語やフランス語、中国語、インドネシア語など12カ国語に対応している。

そして、1日1台あたりのATM平均利用件数は94・1回、年間総利用件数はなんと8億1500万件だ。そうした数字を掛け合わせた結果、セブン銀行単体の売上高にあたる経常収益1166億円のうち、**約91％にあたる1059億円をATMが稼ぎ出しているのだ。**

ＡＴＭ手数料だけで、果たして本当に稼げるのか

利益率が高いこともセブン銀行の特徴の一つだ。経常収益1166億円に対し経常利益は422億円。セブン銀行の経常利益率は、なんと約4割にも達する。

収益性の高さは自己資本利益率（ＲＯＥ）にも見て取れる。これは、自己資本を使って、どれだけ利益をあげたかという、いわば投資効率を示す指標だ。三菱ＵＦＪフィナンシャル・グループでは約6％、三井住友フィナンシャルグループで約7％、みずほフィナンシャルグループで約8％だが、セブン銀行は、なんと約14％。じつに、メガバンクの倍近い収益率を誇っているのだ。

セブン銀行は、セブン＆アイ・ホールディングスのグループで、そのグループ内で利益の絶対額を比べると、セブン‐イレブンに遠く及ばない。しかし、ＡＴＭ1台が占める面積はわずか0・27平方メートルだ。セブン‐イレブンの平均的な床面積の約100平方メートルと比べると、370分の1にしかならない。単位床面積あたりで比較すると、セブン銀行の利益は、セブン‐イレブンの約37倍にも達する。ＡＴＭを設置しておくだけで、「極めて高収益」を上げる仕組みであることがわかるだろう。だからこそ、同じくコンビニエンスストアのローソンも銀行を開店したのだと考えられる。

顧客アンケートの回答がヒントに

こうした収益構造のおかげで、セブン銀行単体の純利益は２０１８年3月期まで6期連続で最高益を更新している。セブン銀行のビジネスモデルが成功するには、提携する金融機関が多くなければならないが、金融機関にとっては、新たにＡＴＭコーナーを開設するより、セブン銀行ＡＴＭと連携したほうが、安価にスピーディーにＡＴＭを設置できる。しかも、原則24時間３６５日、セブン‐イレブンの店舗が開いている時間帯ならいつでも利用できるので、顧客の利便性も高まる。中には、自社の店舗内に、セブン銀行のＡＴＭを設置している金融機関もあるくらいだ。

そもそも、セブン銀行の親会社であるセブン&アイ・ホールディングスは、なぜこのような「ＡＴＭを通じて入ってくる手数料で成り立つ銀行」という常識破りの銀行を始めたのか。それは、定期的に実施している顧客向けアンケートで、「セブン‐イレブンで何ができたらうれしいですか」と尋ねたところ、「銀行取引」という回答が常に上位に入っていたからだという。

儲けのポイント　**コンビニでいつでも利用できる利点を最大限に活用**

セブン銀行

従来の銀行業務の常識を覆す手数料ビジネス

手数料ビジネスに
特化することで
高い利益率を確保

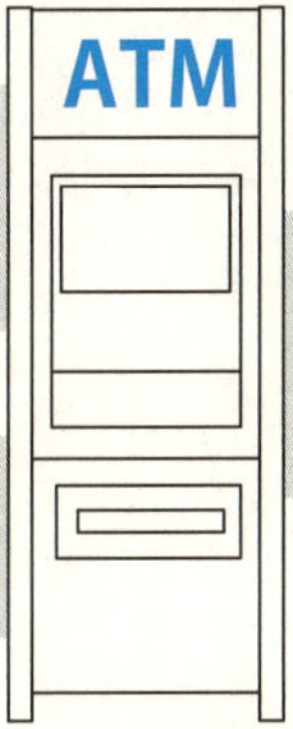

単位床面積あたりの
利益は
セブン-イレブンの
約37倍

自己資本利益率は
メガバンクの約2倍！

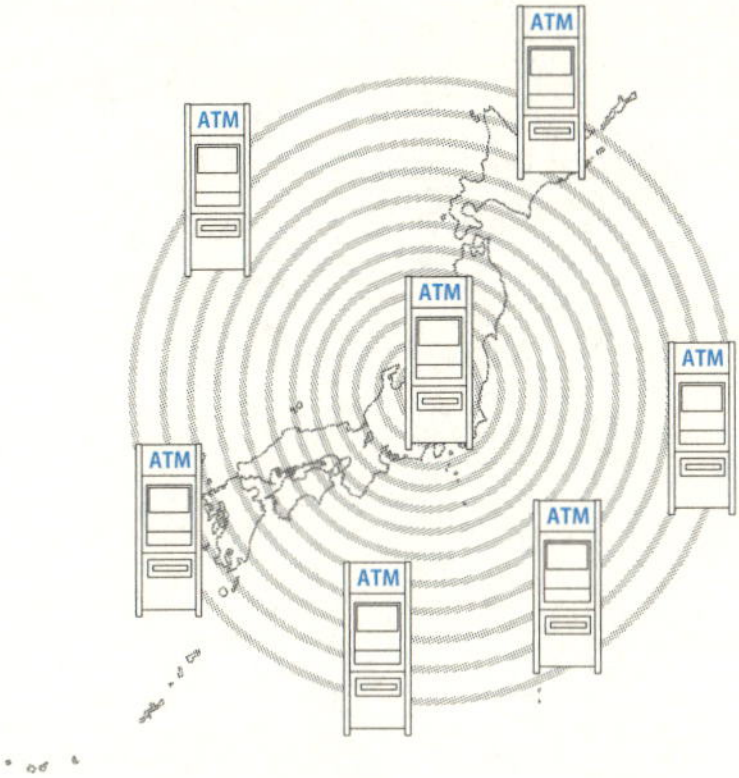

セブン-イレブン、イトーヨーカドーの店舗内から、金融
機関、駅、空港など日本全国に2万4756台のATMを設置

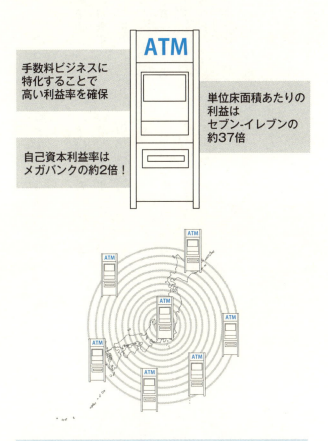

スバル
――あのトヨタも勝てない「本当の強さの秘密」とは

売上高で約10倍も差がついているにもかかわらず……

日本の自動車メーカーのうち、乗用車を生産しているメーカーは現在7社。売上高の高い順から、トヨタ自動車、本田技研工業、日産自動車、スズキ、マツダ、SUBARU（以下スバル）、三菱自動車となる。ブランドとしてはこのほかにダイハツ工業もあるが、100%トヨタ資本なので、ここでは売り上げをトヨタに繰り込んでいる。

1位のトヨタの売上高は約29兆円（2018年3月期）。2位ホンダの約15兆円の倍、ダントツの1位だ。対して、6位のスバルの売上高は約3兆4000億円（同）。じつに10倍近い開きがある。

それでは、この2社の営業利益を見てみよう。

トヨタの2兆3795億円（同）に対するスバルのそれは3794億円（同）。やはり6倍以上の差がある。

世界販売台数はどうだろうか。トヨタ896万4000台（同）に対し、スバルは10

6万7000台（同）。やはり8倍以上の開きがある。

これだけ開きのあるトヨタとスバルの実力差だが、じつはさすがのトヨタもスバルに敵わない数字がある。それは、売れた車1台あたりの営業利益だ。単純に前述の営業利益を販売台数で割り算してみよう。トヨタは約26万5500円、スバルは約35万5600円と、ここで一気に逆転する。それどころか、じつはスバルは、販売台数1台あたりの営業利益で、ここ5年間、一度も他の国内自動車メーカーに1位の座を譲ったことはないのだ。

知っての通り、スバルはSUBARUと変更する前の社名は富士重工業で、さらにその前は中島飛行機という日本最大規模の航空機製造会社。今でもその分野の売り上げがあることはあるが、わずかに5％程度を占めるにすぎないので、この利益率が大きく変わることはない。

さて、それでは、なぜスバルは1台あたりの営業利益がそんなに高いのか。

わかりやすくいえば、「選択と集中」「差別化」という、ビジネスのセオリーを実直に実行しているからといえそうだ。そして、もう一つがブランド力だ。それぞれを、詳しく説明していこう。

徹底した「選択と集中」で高いブランド力を維持

スバル流の選択と集中とは何か。現在、スバルは「自社で生産した」軽自動車をラインアップしていない。販売している軽自動車はダイハツのＯＥＭ（相手先ブランドでの生産）のクルマのみ。自動車メーカーとしてのスバルの名を高めたのは、１９５８年に登場して一世を風靡し、今も熱狂的なファンのいる軽自動車「スバル３６０」だったが、２００８年に軽自動車の開発から撤退すると発表し、２０１２年には54年にわたる軽自動車の生産を終了した。理由は、低価格なクルマでは、儲からないからだ。

その結果、今、販売している自社製の車種で一番低価格のモデルは、１・６リッターエンジン搭載のインプレッサで、車両本体価格は約１８０万円（税抜）だ。低価格帯の軽自動車を捨て、中価格帯以上のモデルを「選択」し、そこに経営資源を「集中」している。

販売面でも選択と集中を実行している。スバルの販売高に占める日本市場の割合はわずかに15％。北米市場が63％を占めている。**利益が出しやすい北米市場に集中し、さらに北米では一般的な販売奨励金を極力抑えて利益率を高めている**のだ。そして、ここにブランド力が加わる。米国の消費者団体専門誌による北米での自動車ブランド調査で、スバルは２０１６年に２位となり、レクサスを抑えて現在まで常にトップ３を争っている。

スバル

「選択と集中」で高いブランド力を維持

**販売台数１台あたりの営業利益は
約35万5600円で業界No.１を維持！**

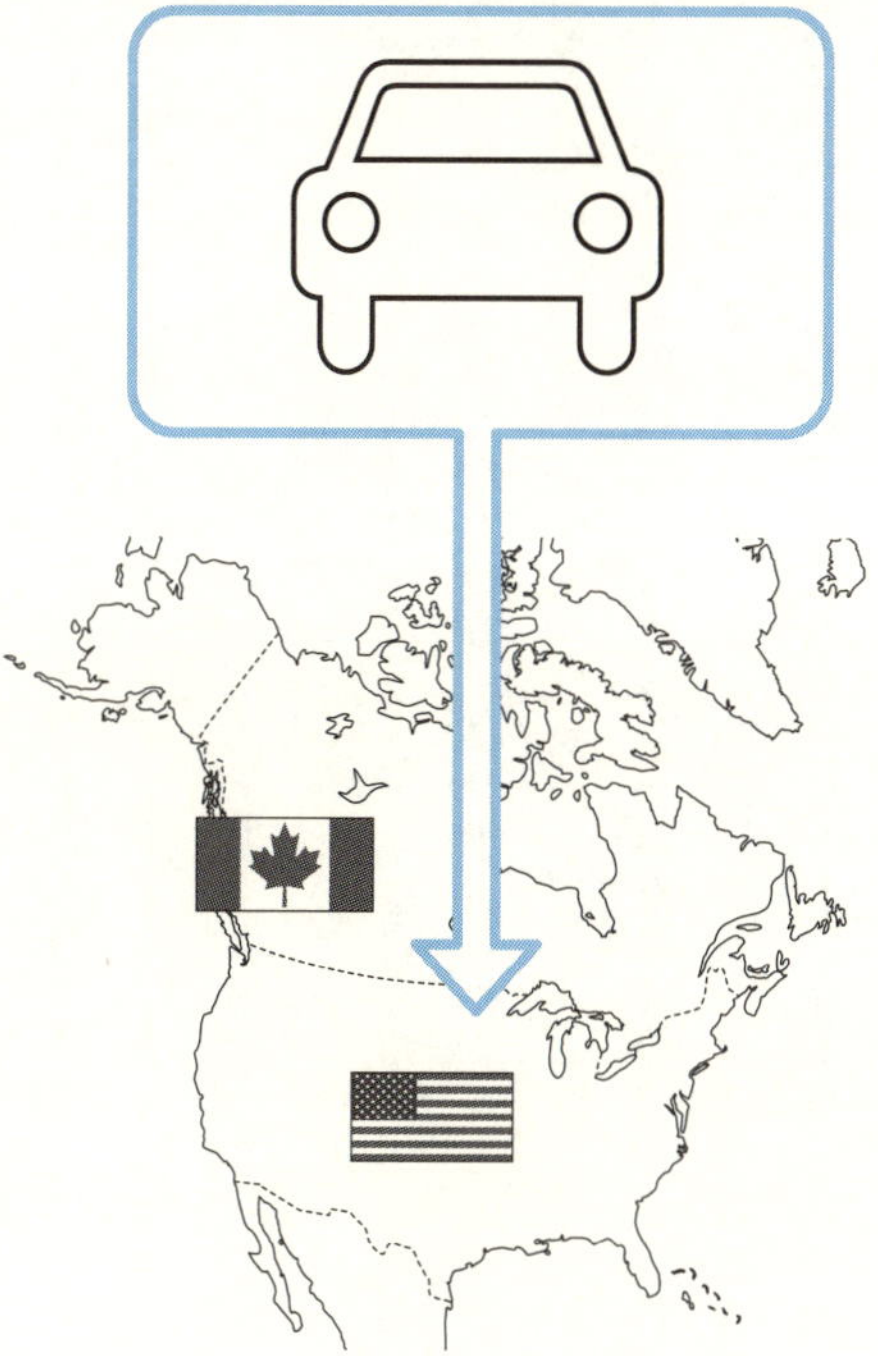

**・ターゲット市場は北米で販売高の６割以上！
・中価格帯以上の車種生産に集中！
・走行性能が高い「水平対向エンジン」しかつくらない
――ことで高いブランド力と高い利益率を維持！**

エンジンでも他社と差別化

また、スバルの「水平対向エンジン」も選択と集中、差別化のあらわれといえる。エンジンが平たく、車全体の重心も低くでき、スポーツ走行性能を上げられるなど数々のメリットを持つ水平対向エンジンだが、現在、世界中を見回してもこのエンジンを製造しているのは、ポルシェとスバルだけ。しかも、**スバルは今や水平対向エンジンしか開発・製造していない。**そこだけに資源を集中している。

さらにはプラットフォームの共通化という、近年、自動車メーカー各社が取り入れている手法を、やはりスバルも取り入れている。2016年にフルモデルチェンジをしたインプレッサに採用された「スバルグローバルプラットフォーム」がそれだ。スバルではこのプラットフォームの開発の目的はコストダウンではなく安全性や走行性能の向上にあるとしているが、多くの車種でプラットフォームの共用でコストダウンできるし、生産ラインも効率的に動かせるようになるので、これもやはり利益率の向上につながっているのだ。

儲けのポイント　**自分たちの「強み」に徹底的に資源を投入**

壱番屋（カレーハウスCoCo壱番屋）
――加盟店からロイヤルティを取らず、儲けを生み出す仕組み

ギネス認定の世界最大のカレーチェーン

毎年1月22日は「カレーの日」だという。１９８２年、社団法人全国学校栄養士協議会が、子どもたちに人気のカレーを全国の学校給食メニューとして提供することを呼びかけたことにちなんでいるのだそうだ。ある食品メーカーの調査では、日本人１人につき「年間73杯」もカレーを食べている。単純に計算すると「5日に1杯」。会社員なら、月曜日から金曜日までのランチで「1回はカレー」ということになる。

もはやカレーは日本の国民食だが、そのカレーで国内最大のチェーンといえば「カレーハウス　ＣｏＣｏ壱番屋」を展開する壱番屋だ。

国内で直営店１８６店、加盟店１１１９店の合計１３０５店を出店。海外も合わせると、全世界で１４７７店に達し、２０１３年には世界一のカレーチェーンとしてギネスに認定されている。

本部に「ロイヤルティを払わなくていい」フランチャイズ・システム

カレーチェーン世界一の壱番屋だが、その業績も好調だ。2018年2月期の決算では、売上高が約494億7200万円、営業利益が47億1200万円で、営業利益率は約9・5％と外食産業としては高い水準をキープ。堅調だ。売上高でいえば、2017年2月期こそ、決算期をそれまでの5月決算から2月決算に変更したことで落ち込んだが、それを除けば、2010年以降、順調に増加している。

壱番屋が好調な理由には何があるのか。それは、同社独自の「のれん分け制度」である「ブルームシステム」にある。

同社の国内店舗数1305店のうち、加盟店1119店がブルームシステムによってのれん分けした店舗である。のれん分けした加盟店は、通常のフランチャイズ店と大きく異なる点がある。それは、「本部にロイヤルティを支払う必要がない」のだ。加盟店オーナーにしてみれば、「カレーハウス CoCo壱番屋」の看板で店舗を持てて、しかも、その店で儲けたお金は全て「自分の収入」になる。

それでは、ロイヤリティを取らない壱番屋の本部は、いったいどうやって儲けているのか。それは、加盟店にカレーソースなどの使用材料を卸して儲けているのだ。

「10店に1店」しか潰れない！　フランチャイズ育成の秘密

壱番屋の加盟店になるとロイヤルティを取られない代わりに、カレーソースなどの使用材料を本部か本部指定の業者から仕入れなければならない。つまり、本部は、使用材料の原価にマージンをのせて加盟店に売ることができる。そこで、利益を得ているのだ。

このシステムなら、加盟店が増えれば増えるほど、「確実な売り先」が増えるので、本部にとっては利益を得られることになる。加盟店が存在する限り「儲かり続ける」システムともいえる。

そのため、本部では加盟店を増やすこと、加盟店が潰れないようにすることこそが何よりも重要になる。壱番屋は、そこもフォローしている。ブルームシステムでは、加盟店のオーナーになる条件として、「まずは社員になること」を規定している。通常のフランチャイズが、オーナーを公募して、研修を受けさせて独立開業となるのに対し、ブルームシステムではまず正社員として働く。そして、いくつもの店舗でカレーチェーンの店舗運営を学び、その後に独立するという流れだ。

しかも、全員が独立を認められるわけではない。昇進制度で経営スキルが一定以上にならないと独立できない。だからこそ、加盟店の継続率は約90％にも達しているという。生存競争の厳しい飲食業界にあって10店に1店しか「潰れない」のだ。

加盟店を増やすことで「確実に」儲ける

「ロイヤルティを取らない」ということで、「加盟店をやってみたい」という人を多く集め、社員として経験を積ませることで店舗経営のノウハウも学ばせる。この取り組みによって潰れない加盟店をどんどん増やして、そこに使用材料を売り込み、確実に儲ける。

壱番屋はカレーチェーンでありながら、一般の来店客からの売り上げだけにこだわるのではない。来店客においしいカレーを出し、リピーターを増やし、そこで利益を上げていくのは加盟店が取り組むべきこと。本部は、確実に継続する加盟店を増やすことが重要。加盟店が増えれば、本部が儲かる仕組みなのだ。

儲けのポイント 来店客でなく、フランチャイズ各店への卸売りで儲ける

壱番屋

ロイヤルティを取らない新しいフランチャイズシステム

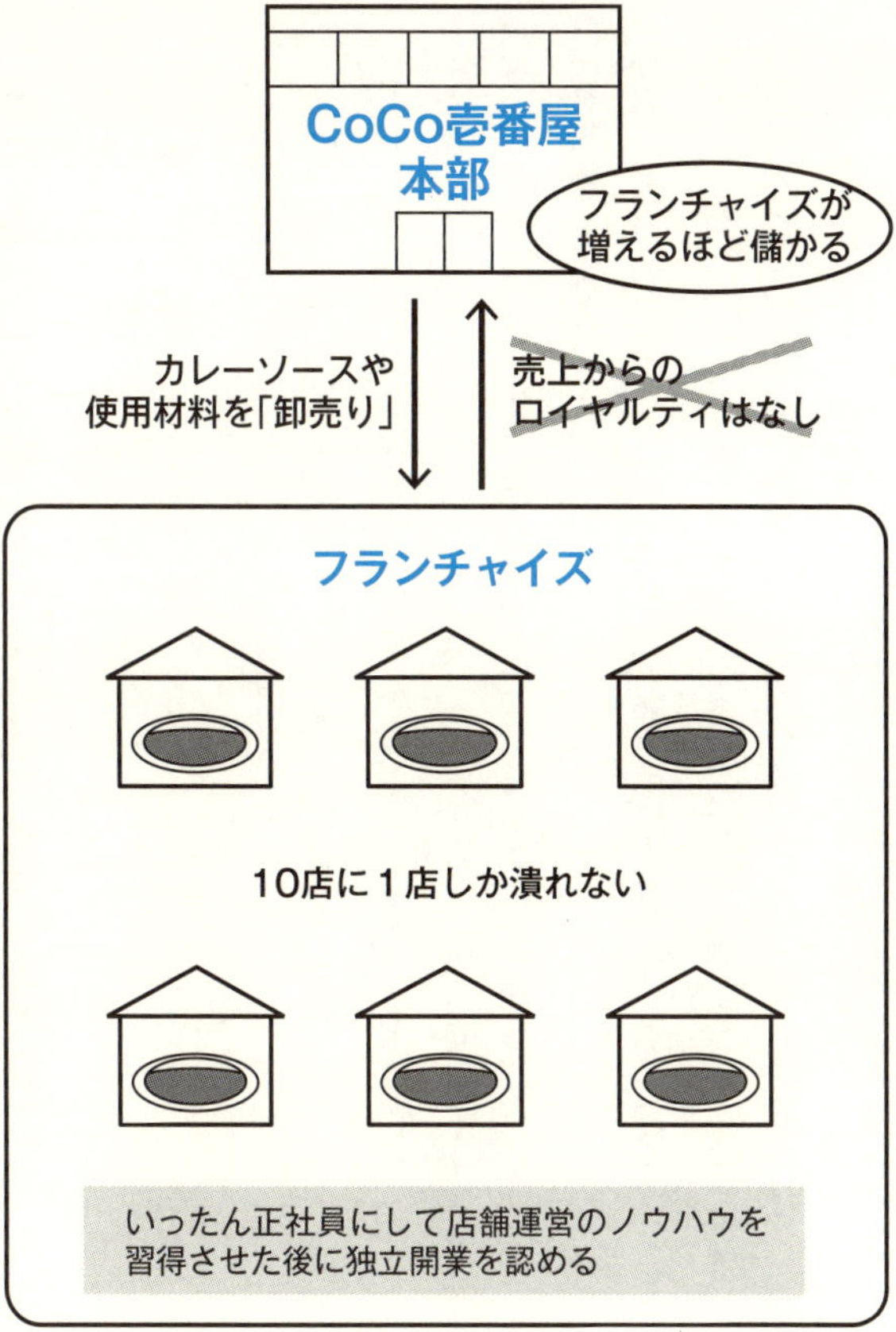

第3章のまとめ

「市場」と「キャッシュポイント」。2つの「場所」を見直す

第3章では、ターゲットとする市場やキャッシュポイントといった「儲けの場所」を変えることで、ビジネスを成長させた企業を紹介した。

例えば、アマゾンは、ネット通販という一般の消費者を対象としたビジネスではなく、アマゾン・ウェブ・サービス（AWS）という「企業向けのクラウドサービス」を使う企業をターゲットとしたビジネスにも注力し、総合ネットサービス企業として収益をあげている。ターゲットとする市場を一般の顧客というコンシューマ市場から、AWSを使う企業、つまりビジネス市場へと変えたのだ。

スバルは、「自社のクルマが高く売れる」北米市場にターゲットを絞り込んでいる。

また、セブン銀行は、キャッシュポイントを変え、新たなビジネスモデルをつくり上げた好例だ。通常の銀行のように、企業向けの融資を収益の柱とするのではなく、個人の利用者をターゲットにした。キャッシュポイントを企業から個人に変えて、手数料による収入で儲ける銀行という新しいビジネスモデルをつくり上げた。

本書内では紹介していないが、中古車販売のガリバーは、店頭に中古車を買いにくる顧客からではなく、顧客から中古車を買い取って、同業者にオークションで売ることで収益をあげてきた。キャッシュポイントを、中古車を買いにくる顧客から、中古車を取り扱う同業者に変えていたということになる。

このように、儲けの場所を変えることで成功した企業たちに共通することの一つに、**ビジネスモデルにおける「役割」を入れ替えている**ことが挙げられる。ガリバーでは、本来は中古車の売り先になる個人顧客を中古車の「仕入れ先」に、反対に中古車を仕入れる役割の同業者間のオークションを「売り先」にした。

世界最大のカレー店チェーンである壱番屋は、「カレーを食べにくる来店客」にカレーを売るのではなく、全国に１２００店近くあるフランチャイズ店にカレーソースや材料を「卸売り」することで収益をあげている。収益をあげる役割を果たすはずのフランチャイズ店を「売り先」に変えていることがポイントだ。

このように、既存のビジネスモデルにおける役割を入れ替えてみるという発想で、自社のビジネスを見直すと、新たな儲けのヒントが見えてくるかもしれない。

第4章

コメダ珈琲店、日高屋、カーブス…

市場の「エアポケット」をつく

どのようなビジネスにも対象とする市場（マーケット）があり、そこにはライバル企業との競争がある。こうした市場での競争を避けるには、競争が厳しい市場の中にあって、「どの企業も見落としていた領域」＝「市場のエアポケット」を狙う方法がある。また、そもそも競争がない市場、つまり、ライバルがまだ進出してきていない「大海原」、ブルーオーシャンを狙うという方法もある。

第４章では、市場のエアポケットをつき、ブルーオーシャン戦略や常識を覆《くつがえ》す取り組みを徹底することで市場を開拓していった企業を紹介する。

コメダ珈琲店
――コーヒーチェーン、ファミレスチェーンとの巧みな差別化でシェア拡大

モーニングでトーストとゆで玉子を無料でつけても儲かるもの？

全日本コーヒー協会によると、日本全国には約6万7200店の喫茶店があるという。都道府県別では、最も多いのが大阪で8680店、次いで愛知で7784店、以降、東京の6710店、兵庫の5082店、岐阜の2784店と続く。大阪は知る人ぞ知る「喫茶店王国」。明治の頃に外国人が居留し、コーヒー商社も多かった神戸とともに、大阪・兵庫で「関西発の喫茶店文化」を全国へと広めていったとされる。

一方、愛知・岐阜は、朝の時間帯にコーヒーを頼むと、トーストとゆで玉子が無料で付いてくる、いわゆる「名古屋式モーニング」で知られるエリアだ。

その名古屋で誕生し、現在、全国展開しているのがコメダ珈琲店だ。創業者の加藤太郎氏が第1号店を開店したのは、半世紀以上前の1968年。今でこそ、北は北海道から南は沖縄まで全国に約820店舗を数えるが、名古屋地域以外に出店し、全国で知られるようになったのは、ここ10年のこと。関東圏への進出は2003年の横浜江田店が最初で、

関西進出も2006年の奈良中央店から始まった。東京への出店は2007年の下丸子店から始まり、大阪への出店も2009年だ。同社は、2008年に経営が創業家からファンドに移ってから、フランチャイズ展開を本格化していったとされる。たしかに出店数の推移をたどると、2013年に国内500店舗を達成するまでには、創業から45年もかかっているのに、その後、わずか1年半で600店舗を突破し、2016年に700店舗、2018年に800店舗に到達。国内では、スターバックスの約1400店舗、ドトールの約1100店舗に次ぐ第3位のコーヒーショップとなった。

ここ10年で急成長を遂げたコメダ珈琲店だが、業績も好調だ。2015年から2018年まで、4期連続で増収増益。注目すべきは利益率の高さだ。2018年2月期は、売上高約260億円に対し、営業利益が約72億円で、売上高営業利益率は約28％に達する。

この儲けの秘密はどこにあるのか。コメダ珈琲店の魅力といえば、まず思い浮かぶのは、コーヒーにパンとゆで玉子が付く名古屋式モーニングだ。コーヒーは1杯440円（税抜、店舗によって異なる）と安くはないが、コーヒー、パンともに自社でつくり、各店舗に配送するので、製造・流通のいずれでも他社から仕入れるのと比べてコストを抑えられる。

コーヒーチェーン、ファミレスチェーンと一線を画す戦略

品質にこだわりながらもコストを抑えた「自社製のコーヒーとパン」によるモーニングは、コメダ珈琲店の代名詞であり、同時に「利益率の高い主力メニュー」でもある。まずは、ここに儲けの秘密がある。

もう一つが、フードの充実だ。コメダ珈琲店は、郊外型で駐車場完備の店舗が多く、その点でも、都心の若者層をターゲットとしたスターバックス、ビジネスパーソンをおもな顧客とするドトールと差別化されている。さらに、フードを他のライバルと比べて充実させることで、既存のコーヒーチェーンとの差別化がさらに鮮明になっている。

ただし、フードでは、ファミレスとの競合も懸念される。ファミレスは、駐車場を備えた郊外店も多く、ロケーションでもバッティングしかねない。そこで、ファミレスのドリンクバーでは味わえないコーヒーで差別化した。さらに、忘れてならないのが、新聞や雑誌を数多く取りそろえていること。間仕切りのある席で、コーヒーを味わいながら、ゆっくりと新聞や雑誌を読める。コメダ珈琲店は、既存のコーヒーチェーンとは「フードで一線を画し」、ファミレスとは、コーヒーだけでなく、ゆったりと新聞・雑誌を楽しむという「時間と空間の演出」で差別化し、市場のエアポケットをついたといえる。

地盤を固めてからの全国展開が功を奏す

そのほかにも、そもそも発祥が名古屋で、中京エリアを中心に展開してきたため、大手のコーヒーチェーンとの直接的な競合を避けることができたことも、同社が急成長した理由だ。現在の約830店舗のうち都道府県別では、愛知県に232店舗が出店している。東京の54店舗、大阪の51店舗、神奈川県の36店舗と比べると、いかに名古屋を中心とした中京エリアでFC展開に注力し、経営基盤を固めてきたのかがわかる。

日本人は、じつはコーヒー好きな国民で、国際コーヒー機関の統計によれば、2017年の国民一人あたりのコーヒー消費量で、日本は年間3・64kgで、世界第7位だ。ちなみに1位はノルウェーで年間8・83kg。コーヒー1杯を約12gとすると、日本人は年間約300杯、ノルウェー人は約735杯のコーヒーを飲んでいる計算になる。実際には、インスタントコーヒーや缶コーヒーなども飲むので、それらを合わせると、日本人は年間約580杯、平均すると1日2杯程度のコーヒーを飲んでいるという。そのコーヒーをどこで飲むか。コメダ珈琲店は、2020年までに全国1000店に拡大する計画だ。

儲けのポイント 「ありそうでなかった」喫茶店で新しい市場を創出

コメダ珈琲店

コーヒーショップチェーン、ファミレスチェーンと巧みに差別化

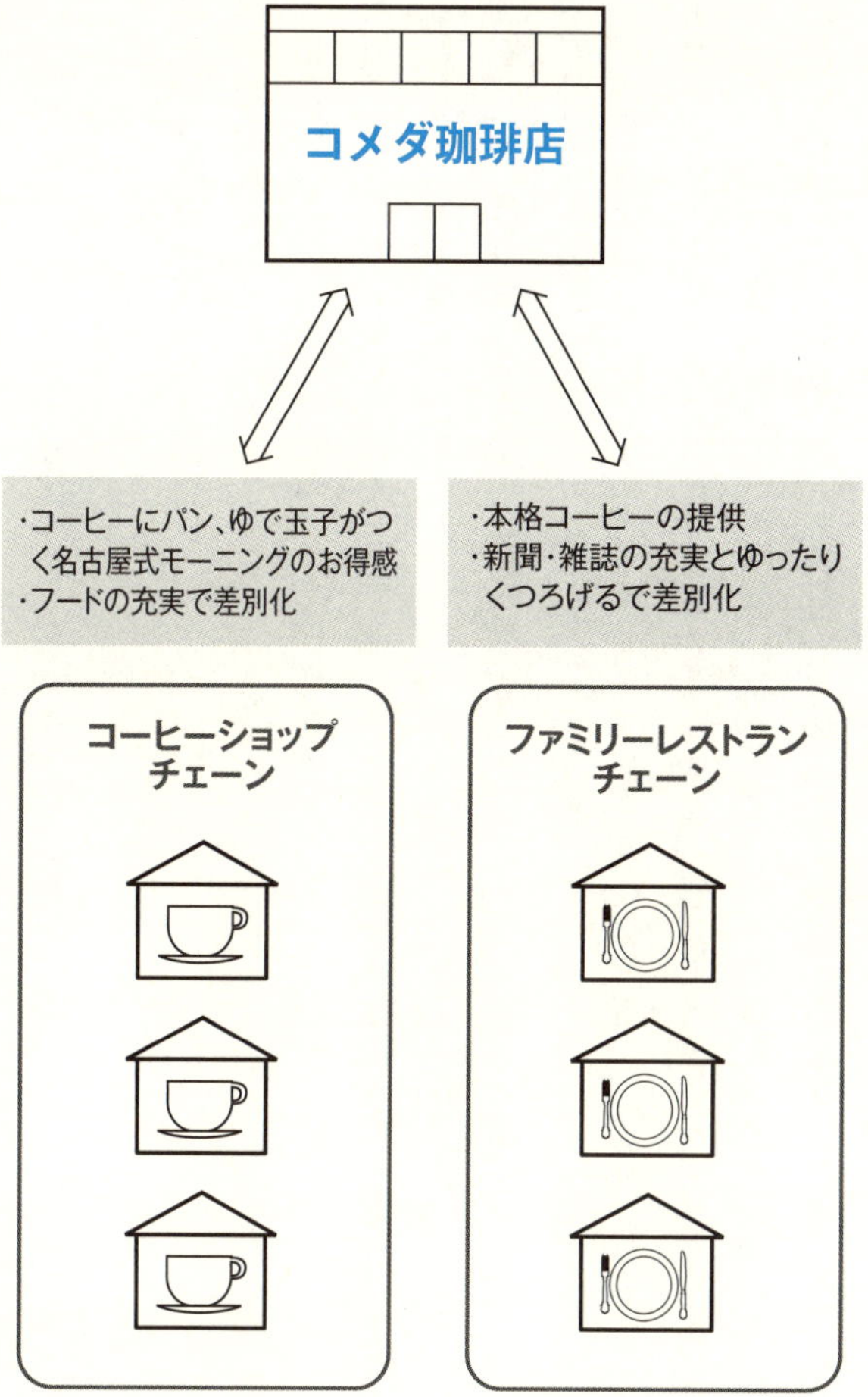
コメダ珈琲店
・コーヒーにパン、ゆで玉子がつく名古屋式モーニングのお得感
・フードの充実で差別化
・本格コーヒーの提供
・新聞・雑誌の充実とゆったりくつろげるで差別化
コーヒーショップチェーン
ファミリーレストランチェーン

日高屋
——競合店がひしめく駅前にあえて店舗を構える狙いとは

15期連続で増収増益を達成して伝説に

日本人の「国民食」ともいえるラーメン（中華そば）が1杯390円（税込）、餃子が1皿6個で230円（税込）、「熱烈中華食堂 日高屋」（以下、日高屋）の看板メニューだ。駅前の繁華街で深夜まで営業している店舗が多いので、お昼時や飲んだ帰りに立ち寄ったことがある人も多いのではないだろうか。

この日高屋、じつは外食チェーンの「伝説的な存在」ともいえる。まず、**2004年2月期から2018年2月期まで、じつに15期連続で増収増益を続けている。** 2019年2月期こそ、人件費高騰から連続増収増益がストップしそうな気配だが、1999年の上場以降、売上高が前年を下回ったことは1度もなく、営業利益にしても2004年2月期から増益。つまり、ずっと儲け続けているのだ。外食産業は、ここ数年こそ市場規模が再び拡大傾向にあるとされているものの、それは食材価格の高騰や人件費アップで、多くの外食チェーンが単価引き上げに動いたから。少子高齢化や「中食《なかしょく》」との競合で、依然として環境は厳しい。そんな状況下にあっても、日高屋は増収増益を続けているのだ。

もう一つ、伝説的ともいえるのが、その利益率の高さ。２０１８年２月期の営業利益率は11・５％。利益率が高いとされるサイゼリヤの約８％を上回り、ライバルともされる幸楽苑の約５％（２０１９年３月期第３四半期）の２倍以上。しかも、２０１９年２月期も11・４％と予測されていることから、**「10％以上の営業利益率」**を**10年も継続**することになる。

日高屋の儲けの秘密は、どこにあるのか。ズバリ、「立地」だ。日高屋のホームページにある「日高屋のこだわり」を見ると、**「日高屋の大きなこだわりのひとつが、駅前の、しかも１階という立地」**とある。よく「飲食店は立地８割」ともいわれるが、日高屋は、そこに徹底的にこだわり、じつに直営店の95％が駅前立地だ。

マクドナルドと吉野家あるところに日高屋あり

さらに、**マクドナルドや吉野家といった「ファストフードチェーンのすぐ近く」という条件**にもこだわっている。かつて、「ハンバーガー。牛丼。あしたは、日高屋。駅前で待ってます」というテレビＣＭが話題になったが、それこそが日高屋の戦略。マクドナルドや吉野家にはファンがいるが、毎日は食べないだろう。そんなファンに「昨日は牛丼だったから、今日はラーメンにしよう」と選んでもらえるように、「競合のすぐ隣」に出店しているのだ。

ただし、マクドナルドや吉野家と競合するには、低価格路線に追随できないといけない。日高屋ではラーメン1杯390円（税込）でファストフードに対抗しているが、それでは高い利益率を維持することは難しい。そこで日高屋では、**利益率の高い「アルコール」メニューの売り上げを伸ばす戦略も展開している。**それが、「中華そば＋餃子＋ビール」で1000円以下というセットメニューだ。

さらに、看板メニューの中華そば、餃子だけでなく、つまみメニューも充実させて、仕事帰りの会社員の「ちょい飲み」ニーズをとらえている。そもそも「ちょい飲み」したい会社員にとって、チェーン店の居酒屋は「お通し」などが付いてしまうので、じつはコストパフォーマンスが良くない。そんな会社員にとって日高屋は「ちょい飲み」にうってつけ。だから、ラーメン屋でありながら、アルコール飲料が売上高に占める割合は約15％にも達するという。

また、**営業時間の長さも日高屋の見逃せない特徴だ。**午前11時から翌2時までの営業が原則で、24時間営業も50店舗を数える。「飲み会終わりのシメのラーメン」というニーズも、

日高屋

あえてマクドナルドや吉野家の近くに出店する狙い

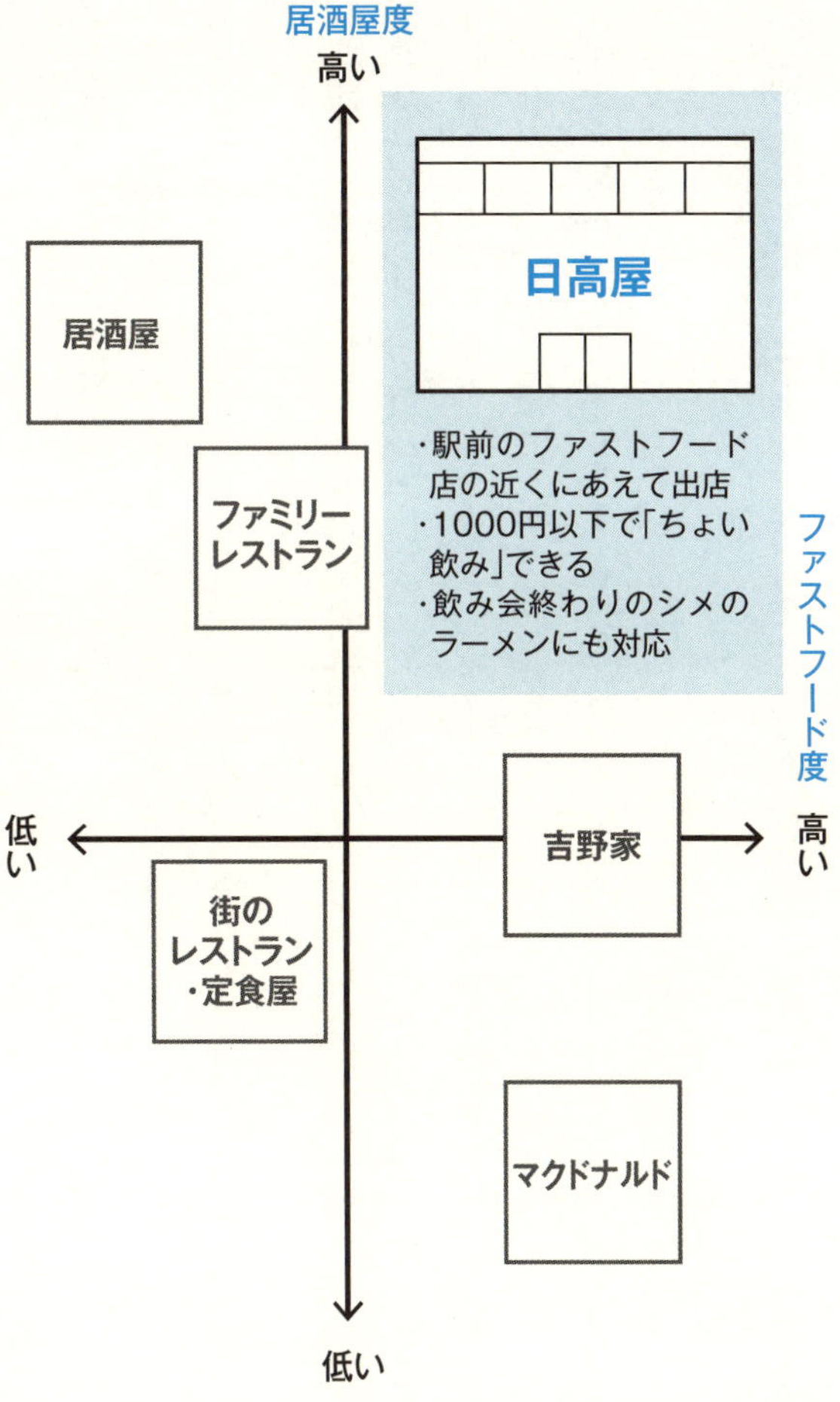

きちんとキャッチできているのだ。

低価格でも儲かるコスト管理

ようするに、日高屋は駅前でしかも「マクドナルドと吉野家のすぐ近く」という「立地条件」、ちょい飲みができる「メニュー展開」、飲み会終わりにシメのラーメンを食べられる「営業時間」に儲けの秘密があるといえるだろう。

日高屋は、現在、首都圏に約400店舗を展開。2021年には約500店舗、その先には首都圏600店舗の目標を掲げている。その達成に向けて、もう一つ、日高屋が儲かる仕組みを付け加えるとしたら、ラーメン、餃子、タレなどを埼玉県の自社工場で製造していること。しかも、「1日1便」しか配送していないという。**自社工場で品質は維持しながらも、製造と配送にかかるコストを徹底的に抑えているこ**とも、日高屋の儲けの秘密の一つといえるだろう。

儲けのポイント　**「駅前」「390円」「ちょい飲み」で多くのニーズをすくい取る**

カーブス
——女性専用フィットネスクラブが日本最大の会員数を獲得した秘訣

会員数85万人を誇る日本最大のフィットネスクラブ

民間の調査会社によると、「フィットネスクラブの経営を主業とする企業の2017年度の収入高合計」は、前年度を4・0％上回る5968億300万円と、過去10年で最高を記録した。また、他の統計でも、フィットネスクラブ市場は前年比2・9％増の4610億円と4年連続で増加し、過去最高を更新している。世の中の健康ブームもあいまって、ここ数年、市場が好調に拡大しているといえる。

フィットネスクラブといえば、コナミスポーツクラブ、セントラルスポーツ、ルネサンスが大手だが、ここ数年、「女性専用」と「30分のフィットネス」のうたい文句で急激に店舗数を拡大しているのがカーブスジャパン（以下、カーブス）だ。カーブスの第1号店がオープンしたのは2005年。翌2006年には100店舗を達成し、2007年には10会員数が10万人を超えた。さらに、第1号店開店からわずか6年後の2011年には1000店を突破、2018年8月期決算では、店舗数が1912店舗に達し、2018年10

月には会員数が85万人を突破している。

店舗数と会員数の増加にともない、当然、業績も好調だ。2018年8月期のカーブスの売上高は前年比17・8％増の279億3300万円、利益も同14・4％増の53億4500万円に達した。この水準は、業界1位のコナミスポーツクラブの約660億円、セントラルスポーツの約535億円、ルネサンスの約462億円には及ばないものの、約379億円の売り上げという業界4位のティップネスとともに、「業界第2集団」を形成している。

カーブスが、急速に事業を拡大してきた秘密はどこにあるのだろうか。「女性専用」や「30分のフィットネス」といった特徴からも、他の多くのフィットネスクラブとは一線を画していることはわかる。

それではなぜ、そういった特色が打ち出されるようになったのか。そこに、カーブスの成功の秘密があるだろう。そのキーワードは、カーブスが掲げている「ブルーオーシャン戦略」だ。ブルーオーシャン戦略とは、ライバル、競合他社との価格競争など厳しい争いを避け、競争のない「穏やかな青い海（ブルーオーシャン）」のような市場でビジネスを展開しようという考え方だ。カーブスはその考えを実践している。

カーブスのブルーオーシャン戦略とは？

そもそもカーブスは、今から約25年も前の１９９２年に、米国でゲイリー・ヘブン氏によって創業された。これまでに全世界86カ国・地域で１万店近くをフランチャイズ展開し、会員数も４００万人を超えるフィットネス業界の「ジャイアント」だ。日本でチェーン展開しているカーブスは、アメリカ発祥の「女性専用」「30分だけ」そして「予約不要」というモデルをそのまま国内に持ち込んだものだ。

その戦略が成功したわけだが、本家のカーブスが狙ったのは、「普段、あまり運動をしない」――「中高年の女性」だ。そのターゲットは、日本においても他のフィットネスクラブが熾烈な競争で会員を取り合っている顧客層とはバッティングしない。多くのフィットネスクラブが会員として狙っていた「運動に積極的な」「比較的若い世代の男女」に照準を絞ると、それはレッドオーシャンでの争いになる。

そこで、他のフィットネスクラブがこれまでは見向きもしなかった「運動に興味がない」「運動に馴染みがない」「運動をあまりしたことがない」中高年の女性にあえてフォーカスした。カーブスが成功した理由は、この「ブルーオーシャン戦略」が功を奏したことにあるだろう。

成功の秘密は女性心理をうまく取り込んだこと

カーブスでは、ブルーオーシャン戦略を成功させるために、3つのコンセプトを大切にしている。まずは、会員もスタッフも女性だけという「ノー・マン（Men）」だ。そして、男性がいないのであれば、メークもしなくていいというコンセプトが「ノー・メークアップ（Makeup）」。さらに、フィットネスルームから鏡をなくした「ノー・ミラー（Mirrors）」だ。運動が得意ではない中高年の女性は、自分が必死の形相で運動している姿を直視したくはないという。**こうした女性の心理をうまく取り込み、「ノー・マン」「ノー・メークアップ」「ノー・ミラー」の3Mコンセプトで、中高年の女性会員をどんどん増やした。**会員の年齢構成は、50歳代以上が89％と約9割で、20代、30代はわずか3％。

そして目指すのは「カラダを鍛える」ではなく、普段、あまり運動に馴染みのない女性の健康維持だ。このようにターゲティングを明確にし、さらに、「プールもシャワーもない」設備で、設備の維持管理費を抑えて、その分、会費もリーズナブルに設定した。フィットネス業界にブルーオーシャンを見いだし、そこに漕ぎ出すための戦略を徹底したのだ。

儲けのポイント **フィットネスの常識を覆し、新しい顧客層を引き込む**

カーブス

あまり運動しない人をターゲットにして市場創造

一般的なフィットネスクラブ

・運動が好き
・体を鍛えたい、ダイエットしたい
・着替えて、しっかり行いたい
――という比較的若い世代が
主なターゲット

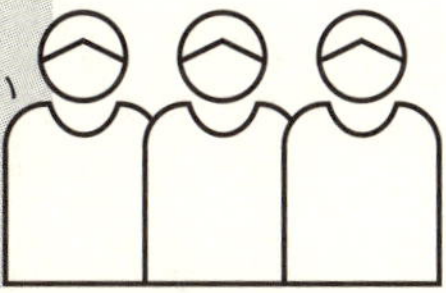

⇕

・普段あまり運動をしない
・でも、健康のために体を動かしたい
・買い物などのついでに
――という中高年の女性が
主なターゲット

↓

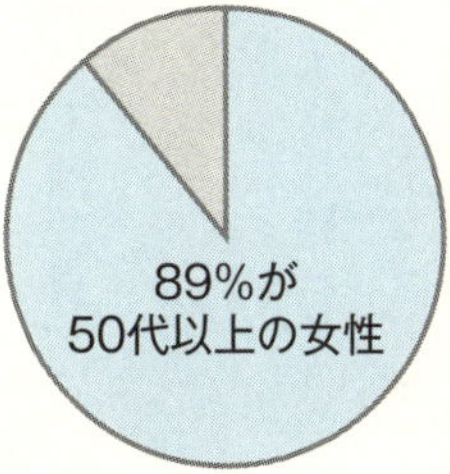

カーブスの3M

ノー・マン（Men）
ノー・メークアップ（Makeup）
ノー・ミラー（Mirrors）

だから女性が気軽に行ける

ペイミー
――勤める企業に代わって給料日前に給与を振り込むサービスで急成長

働いた分の給料を「即日払い」してくれる

「毎月25日が給料日」という人は多いかもしれない。多くの人が毎月もらう給料では、例えば「毎月15日締めの25日払い」や、「毎月末締めの翌月払い」など、会社ごとに給与制度が決まっている。「毎月15日締めの25日払い」だと、前月の16日から当月15日までの働いた分を、その月の25日に受け取れる。「毎月末締めの翌月払い」だと、毎月1日から月末までの働いた分を、翌月30日にもらう。

いずれにしても、働いた分の対価を「後払い」で受け取るのが一般的で、この給料の仕組みは、明治の頃に国内の企業で給料制度が導入されてから変わっていないという。ここに着目して、「給与の即日払い」サービスを展開している企業がある。2017年創業のスタートアップ企業・ペイミーだ。

ペイミーのサービスを導入すると、従業員は働いた分の給料を「欲しいタイミング」で受け取れるようになる。従業員にしてみれば、例えば、「週末に友人の結婚式があり、まとまったお金が必要」、「今月は急な飲み会が続いて、給料日までもちそうにない」といったときなどに、その日までに働いた分の給料を受け取れる。キャッシングサービスなどを利用しなくても、必要なときに現金を受け取れるようになるのだ。

そのサービスの仕組みを具体的に見ていこう。このサービスのポイントは、まず給料の即日払いを利用したいという「個人」が、ペイミーと個別に契約して利用するものではなく、従業員に「給料即日払い」をしてあげたいと考える「企業」がペイミーと契約するということ。つまり、BtoBのサービスである。

サービスを導入した企業は、ペイミー用の「専用口座」を用意する。従業員がペイミーに給料の即日払いや週払いを申請すると、ペイミーから企業に従業員への支払いの指示が送られ、専用口座から従業員の口座に振り込まれる。企業側のメリットは、従業員の前払い分を計算する手間が省けること。さらに、従業員が消費者金融などから借金をして、仕事に影響を及ぼすといったリスクを少なくできる。

従業員が申請できるのは、基本的に働いた分の70%まで。申請日までに20万円分働いていれば、14万円までだ。従業員が企業に対してではなく、スマホアプリでペイミーに申請できるようにしたことで、利用しやすくしている。

企業、従業員それぞれの問題を巧みにビジネス化

ペイミーを利用すると、企業にしてみれば、「週払いで現金を手にしたほうがやる気が出る」という従業員に対しては週払いで対応できるようになる。人材不足が叫ばれている中、人手を確保したい企業にとっては、社会保険完備、完全週休二日といった制度とあわせ、「給料の即日払い可」と示せるのは、意外に効果が大きいようだ。ペイミーのホームページによると、求人への応募件数が10倍に増えた事例もあるという。求人応募数や従業員定着率の向上が期待できる。

このサービスを導入するにあたって、企業が初期費用や運用のための月額費用などを支払う必要はない。もちろん、従業員側も利用するのは無料だ。となると、ペイミーはどこで儲けているのか。

儲けのポイントは、サービスの利用にかかる手数料にある。ペイミーでは、従業員に日払いや週払いの給料を支払う際に、申請された金額の3~6%を利用手数料として差し引いている。ペイミーによれば、導入企業の申請金額の平均値は3万円前後という。つまり、従業員が1回利用するごとに、ペイミーには900~1800円の手数料収入が入るという計算になる。

ペイミー

給料の前払いのニーズに対応

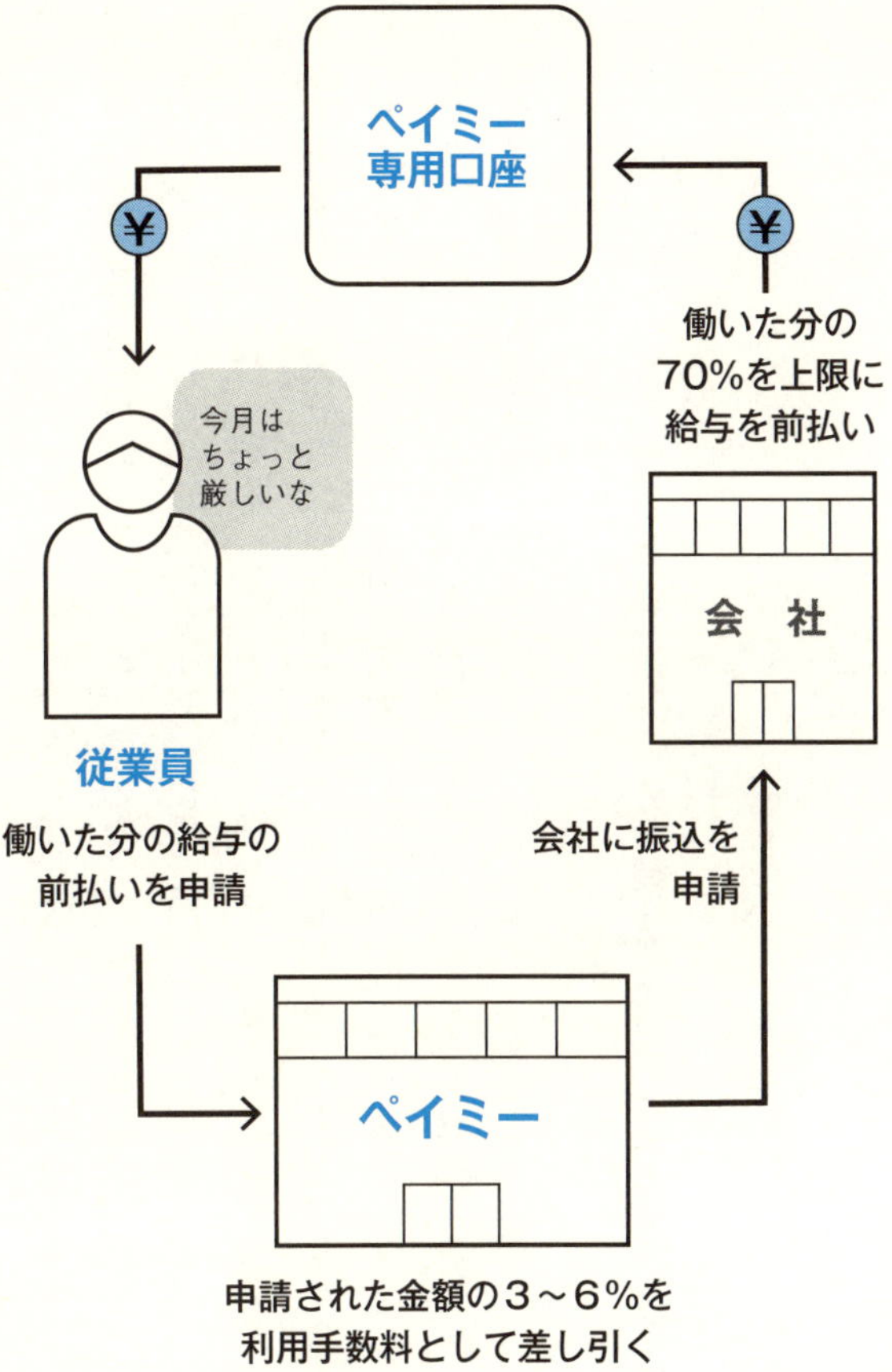

サービス開始半年で導入企業が１００社を突破

ペイミーは、２０１７年創業のスタートアップなので、売上高や営業利益など、これまでの企業の業績を示す情報は公開されていない。そのため、儲かっているのかどうかを具体的に示すことはできないのだが、正式にサービス提供を開始してわずか半年後の２０１８年５月に導入企業が１００社、利用者数１万人を突破している。セブン銀行ともサービス連携し、銀行口座を経由した振り込みや引き出しではなく、スマートフォンに送られてくるＩＤとパスワードをセブン銀行ＡＴＭに入力すれば、申請した現金を引き出せるサービスも開始している。「日本の給料をもっと自由に」というスローガンを掲げるペイミーの、さらなる躍進が期待できるだろう。

儲けのポイント

「給料はひと月まとめて」の常識を変え、いつでも受け取り可能に

第４章のまとめ

意外と身近にある「ありそうでなかった」エアポケット

第４章で紹介したコメダ珈琲店は、「コーヒーとフード」、そして「新聞や雑誌を読みながら、ゆったりとくつろげる」喫茶店という、「ありそうでなかった」市場のエアポケットをついた。カーブスは、フィットネスクラブでありながら、「運動が苦手な中高年の女性」向けという、ライバルが進出していないブルーオーシャンで、一気に世界最大規模のフィットネスクラブへと成長した。

また、ペイミーは、「給料は後払い」という明治時代以降、続いていた常識や思い込みを、スマートフォンやインターネットというテクノロジーを活用することで覆した。

市場のエアポケットをついた企業、あるいはブルーオーシャンに進出して成功した企業に共通することは、**「ありそうでなかった」サービスやモノを、柔軟な発想で実現していること**ではないだろうか。コメダ珈琲店もカーブスもそうだし、日高屋も駅前でいつでもやっている「ちょい飲みにぴったり」という「ありそうでなかった」ラーメン屋だ。ペイミーも含めて、第４章で紹介した企業は、「ありそうでなかった」を実現しているといえる。

ライバル企業との競争が激しい市場の中で、勝機をつかみ、活路を見いだすのに重要なことは、この「ありそうでなかった」をいかに探し出せるかということだろう。

それには、過去の商慣習やビジネスモデルにとらわれない、常識を覆すような柔軟な考え方が求められる。それをいかに実践していくか。

新たな事業やビジネスを考えるとき、現在のビジネスの在り方で「何かおかしい」と感じることを変えてみる、そんな取り組みから変えていくことが大切かもしれない。

第5章

俺の株式会社、カルディコーヒー、
回転寿司…

あえて「損して得」を取る

「損して得取れ」とは、古くからいわれ続けてきた商売のコツだ。これは、一時的に損をしても、将来的に大きな利益を得ることができるような取り組みをするということ。一方では、目の前の損得にこだわりすぎて、目先の利益だけを追い求めると、かえって大きな損をすることがあるという戒めでもあるという。

第5章では、自社のビジネスにおいて、一見すると、あえて損をするような取り組みをしながらも、しっかりと儲けを出している企業を紹介する。

俺の株式会社
――飲食店の平均を大きく上回る原価率60％でも高成長を遂げるカラクリ

一流シェフを獲得できるのはなぜか

ブックオフコーポレーションを創業した坂本孝氏が、東京・新橋に「俺のイタリアン新橋本店」をオープンしたのは２０１１年（２０１６年に閉店）。翌２０１２年、「俺の株式会社」を設立した。

一流シェフが最高の食材を使いながらも格安で料理を提供する。しかも、立ち食いというコンセプトが見事に消費者の心を捉え、連日の盛況ぶりで話題になった。

現在、頭に「俺の」が付くレストランだけでも、「俺のＧｒｉｌｌ＆Ｂａｋｅｒｙ」「俺のＢａｋｅｒｙ＆Ｃａｆｅ」「俺のイタリアン」「俺のフレンチ」「俺のフレンチ・イタリアン」「俺のスパニッシュ」「俺のやきとり」「俺の割烹」「おでん 俺のだし」「俺の焼肉」「ステーキ 俺のグリル」「俺のうなぎ」「そば 俺のだし」がある。

２０１８年１月30日付で公表された当期純利益は対前年比１７２・３％の１億７６７７万円。新橋でたった16坪の店舗で始まった「俺のイタリアン本店」は、シェフ、ホールスタッフなどあわせて9名でオペレートしながら、月商1900万円、1カ月の経常利益200万円を計上したという。こうした成功の裏側には何があるのか。

最初のキーワードは「一流シェフ」だ。

「俺の」レストランには当初、フレンチにしろ、イタリアンにしろ、ミシュランの星付きレストランで総料理長を務めたり、そこで修業したりしたという輝かしい経歴を持つスーパーシェフが参加した。「俺の」の和食レストランでも、銀座の名店で総料理長として厨房を仕切ってきたスーパー料理人が何人も「俺の」に移籍した。

そうした知る人ぞ知る一流料理人たちに、高級料理を出す一流料理店から大衆料理店である「俺の」への移籍を決心させたのは、一つには報酬があるだろう。具体的にいくらという金額は明らかにされていないが、比較的、人件費が低く抑えられる傾向にある飲食業界にあって、坂本社長は常々、「人件費は、しっかり使ってください」と言っていたという。必要と思える人材には惜しみなくお金をかける、忙しい職場なのだから給料も高くて当たり前という考え方なのだという。

もう一つのキーワードは「最高の食材」だ。坂本社長は人件費だけではなく、（良い料理を出すために）「原価もしっかりとかけてください」と語っていたという。

高い回転率を維持する工夫

その言葉通り、俺のイタリアンの原価率は40％以上、俺のフレンチでは60％以上で、いずれも一般的な飲食店の原価率とされる30％程度を上回る。中には、原価率90％のメニューや、集客目的で100％を超えるメニューもあるという。そこで、ドリンクなどの原価率を35％程度に抑えるなどの工夫をし、平均して原価率が40％から60％程度になるように抑えているのだ。

だが、40％でも原価率としてはまだ高いほうだろう。そこをカバーするのが**回転率**だ。回転率とは、1日の客数で全席数が何回、入れ替わったかを示したもので、**「俺の」では1日3回転以上の高回転率を維持するための工夫がなされている。**

それが、かつては「俺の」の代名詞ともなっていた「立ち食い形式」だ。「立ち食い形式」なら狭い場所でも多くの客が入れるし、早く入れ替わることで回転率も向上する。今でこそ「俺の」では全席着席という店舗が主流となったが、2時間程度の時間制限を設け、平日でのランチ営業から閉店までの間に計8回の予約を取れるように設定している。

つまり、すべての時間帯で満席になるとすれば最大8回転できる計算だ。この高い回転率を維持できるかどうかが、「俺の○○」のビジネスモデルが成功するかどうかを左右する。

飲食業の儲けのセオリーを徹底

もう一つ、「安く料理を提供する」ことも忘れてはいない。俺のイタリアンの看板メニューである「マルゲリータ」は1枚580円（税抜）、冬場の定番メニュー「ワタリガニのトマトクリームパスタ」が780円（税抜）。いずれも創業当時の価格だが、現在もそれは変わっていないのだ。

ようするに、「俺の○○」は「一流シェフ×高級食材」という料理を、リーズナブルな価格で食べられるようにしたところに儲けのポイントがある。そして、それを可能としているのが、立ち食い形式や時間制限によって高めた回転率にある。ある意味、飲食業の儲けのセオリーを徹底して実践している店舗といえるかもしれない。

儲けのポイント

腕の良いシェフ×良い食材×高い回転率という新ビジネスモデル

俺の株式会社

高い原価率を高い回転率でクリアする仕組み

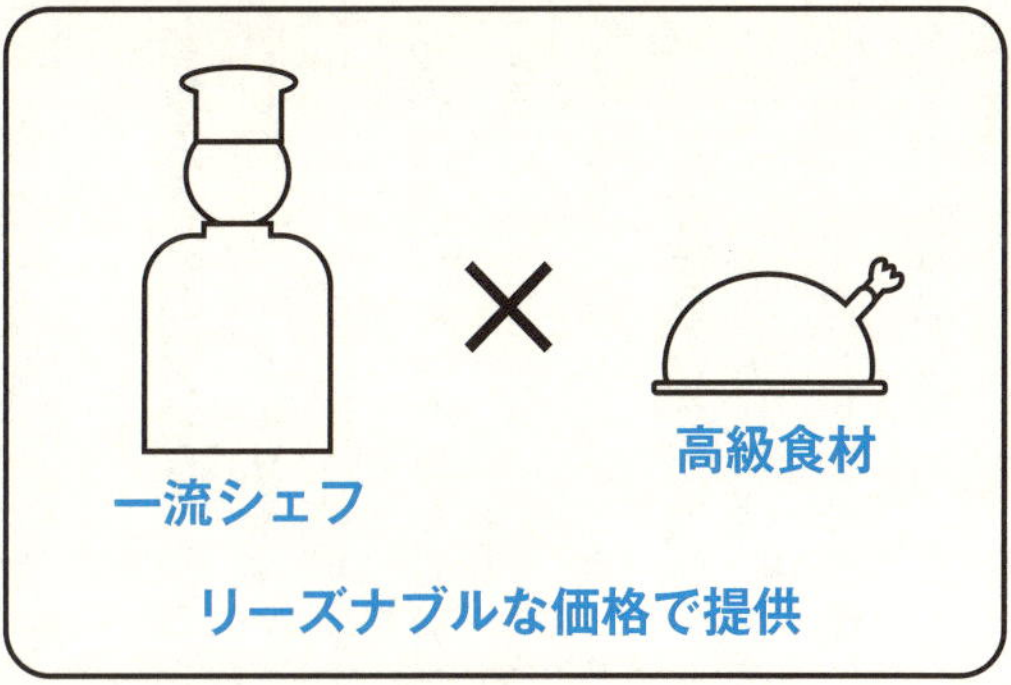

ドリンクで原価率を下げても
原価率40～60%に

↓

「立ち食い形式」「時間制限」
などで回転率アップ

↓

３回転すれば
儲かる仕組みに！

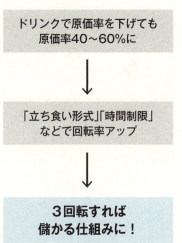

カルディコーヒーファーム

――「無料コーヒーサービス」の本当の狙いはどこにある？

コーヒーと輸入食品のワンダーショップ

女性客を中心に、コーヒー豆やオシャレな輸入食材で人気のカルディコーヒーファーム（以下、カルディ）。一度でも足を運んだことがある人なら、それほど広くはない店内に、数多くの種類の商品がところ狭しと並べられていることに気がつくだろう。その数、1万点以上にもなるという。「コーヒーと輸入食品のワンダーショップ」というだけあって、輸入食材を中心とした商品は色とりどり。「店内をあれこれと探索するだけでも楽しい」「海外のショップにいるような気分になる」という理由から店を訪れるリピーターも多いという。

カルディを運営しているのは、キャメル珈琲という、東京・世田谷でコーヒー豆を喫茶店に卸す焙煎業からスタートした会社だ。創業は1977年で、1986年に東京・下高井戸にカルディの1号店を開店した。

カルディといえば、店頭での無料のコーヒーサービスでお馴染みだ。このサービスを始めたのは1992年。東京・下北沢店を開店し、夏の盛りに足を運んでくれた人たちに、おもてなしの気持ちを込めてアイスコーヒーを渡したのがきっかけだったという。

リピーターも多く、根強い人気のあるカルディだが、2010年以降の成長ぶりが目覚ましい。2010年に200店舗を達成してからというもの、わずか2年後の2012年には300店舗を突破。2018年8月時点では、国内421店舗を直営する。

こうした店舗数の拡大とあわせて、キャメル珈琲の業績も好調だ。キャメル珈琲は、カルディ以外にも輸入食材の商社や直営農場などを手がけているが、それらを合算した売上高は、2017年で前期比約8％増の約893億円に達した。2014年の約726億円から堅調に増加している。

カルディが、好調に事業を拡大してきた背景には何があるのだろうか。まずは、**店頭で来店客をもてなす無料のコーヒーサービス**があるだろう。このサービスによって、多くの人に「あっ、○○駅前にはカルディがあったな」とカルディという店舗を印象づけ、覚えてもらえる。次に、コーヒーをもらえることで、「ちょっと立ち寄ってみようかな」と来店客数を増やすことも可能だろう。そして何よりコーヒーを受け取った客は、飲み終わるまでは店内にいるので、滞在時間を長くすることができる。

コーヒーを「飲み終わるまでの時間」が大切

この滞在時間を長くできることがポイントだ。一般的に小売店では、店の売り上げは来店客の滞在時間に比例する。滞在時間が長くなれば、それだけ購買率も高まり、客単価も上がるという。カルディでは2階のある店舗も多いが、1階の入り口でコーヒーを受け取った来店客が、1階の店内を見て回り、まだ飲み終わっていないコーヒーを片手に2階に上がっていくことも多いという。

また、来店客からすれば、無料でコーヒーをもらった手前、「なんかちょっとしたものでも買って帰ろうか」という気持ちになるだろう。もしくは、「どうせ買うならカルディで」という気持ちになるかもしれない。多少高い輸入食材でも「買ってもいいかな」とその気にさせる効果も、無料のコーヒーサービスには期待できるかもしれない。

「カルディという店舗を印象づけ、覚えてもらえる」、そして「ちょっと立ち寄ってみようかな」と来店客数を増やせる。

しかも、**「コーヒーを飲み終わるまで」と滞在時間を延ばし、「買ってもいいかな」という気持ちにまでさせてしまう。**無料のコーヒーサービスは、そんな効果をもたらしているといえるだろう。

カルディコーヒーファーム

無料コーヒーサービスがもたらす大きなメリット

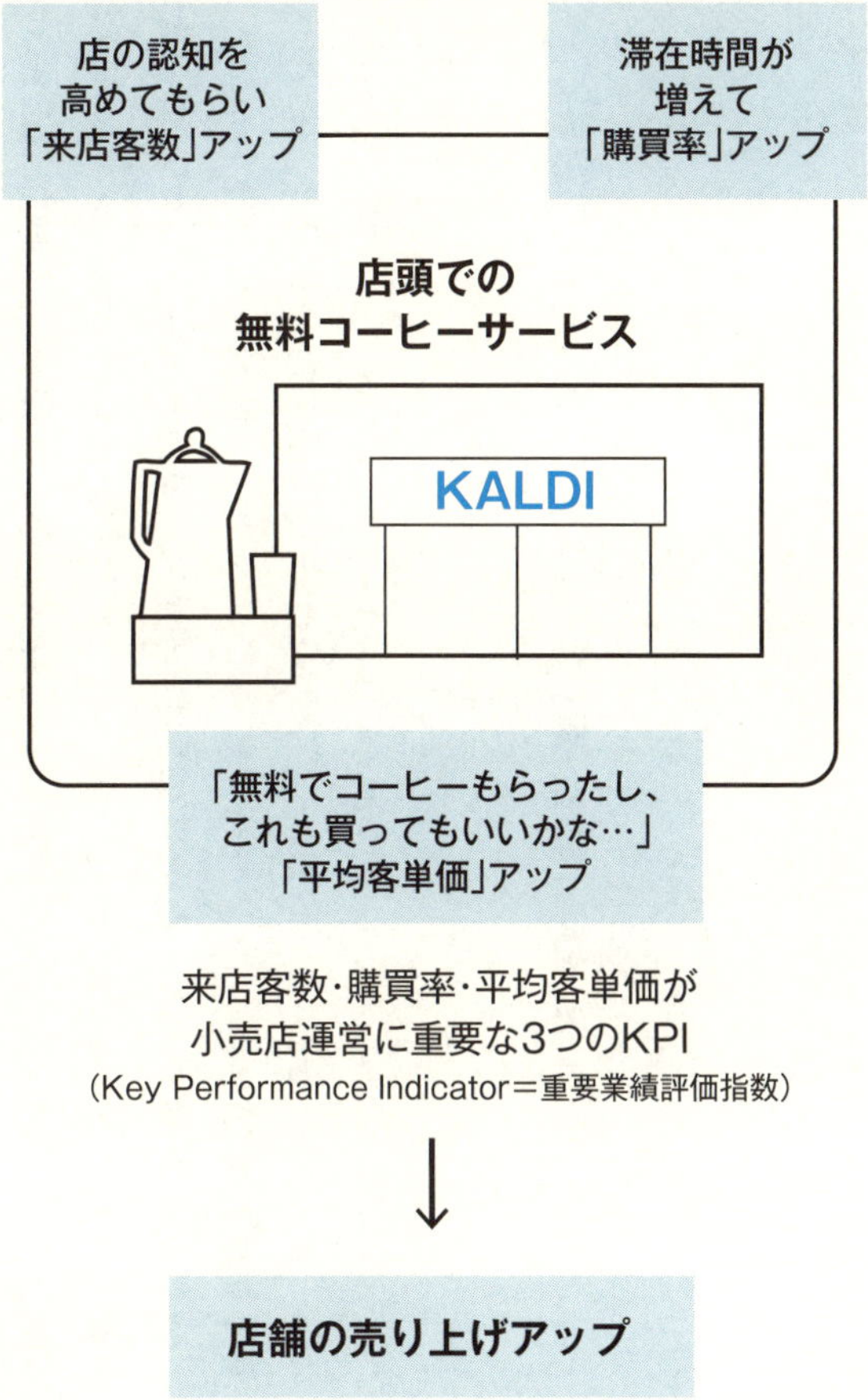

無料コーヒーサービスに吹くフォローの風

国内のコーヒーの消費量は、このところ増加傾向にあるという。全日本コーヒー協会の調べでは、2013年にコーヒーの輸入総量が、史上初めて生豆換算で50万トンを突破したという。現在では、日本人1人あたり、1週間に約11杯もコーヒーを飲んでいるという。最近では、コンビニエンスストアのイートインコーナーでも、淹《い》れ立てのコーヒーを楽しめるようになったが、やはりまだ自宅でコーヒーを飲む人が多く、国内のコーヒー消費量の約6割は自宅での消費だという。コーヒーで道行く人を魅きつけるカルディにとって、フォローの風が吹いているようだ。

儲けのポイント **「滞在時間」を伸ばし、「購入動機」を刺激**

回転寿司
――儲けを生み出す「ファミレス化」戦略とは

原価率の高いメニュー、低いメニュー

回転寿司の発祥の地は、じつは東大阪。元禄寿司が約60年も前の１９５８年、「廻る元禄寿司 1号店」を開店したのが始まりだ。売上高日本一を誇るスシローが1号店を大阪に開店したのはそれから30年近く後の１９８４年。現在、全国展開をしている回転寿司店だけでも、スシロー、無添くら寿司、はま寿司、かっぱ寿司、すし銚子丸、がってん寿司、元気寿司などがあり、これらの店のほとんどは1皿１００円（税別）のメニューを売りにしている。

街の寿司店なら、ちょっとつまんで飲んで一人最低５０００円が当たり前のところ、１皿１００円の回転寿司がどうして儲かっているのか、不思議に思う人は多いはずだ。

飲食店なので、儲けを考えるときの基本的な計算方法がある。「客単価×座席数×回転数」で店舗の売り上げを計算し、そこから原材料費（原価）や人件費、店舗の家賃、経費などを差し引けばわかる。回転寿司にあてはめてみると、「客単価は低めだが、座席数は多く、

回転数も多い」ことはわかるだろう。それぞれの回転寿司チェーンでは、客単価を高くする試みや回転数をさらに高める仕掛けなどもしているだろうが、どれも「安いのに儲かる」回転寿司の秘密とは言い切れない。

それでは、原価はどうなのだろうか。メニューごとの原価では、ウニやマグロなどが高く75〜85円程度とされている。基本的に1皿100円（税抜）とすると、80％前後が原価ということになる。回転寿司店は原価率が高いのが特徴で、一般的な飲食店では約30％程度の原価率を、10ポイント以上、上回ることが珍しくないという。ウニやマグロの原価率がこれだけ高いことを考えると、原価率の低いメニューが必要になる。その代表格は、ツナマヨ、コーン、かっぱ巻き、タマゴなどで、いずれも原価率20％以下だ。みそ汁などは10％程度、コーヒーに至っては2％程度だという。

店側としては原価率の低いメニューをなるべくたくさん食べてもらえれば、ウニやマグロなどを食べる客がいても儲かる。そのためにはどうしたらいいか。じつは原価率の高いメニューと低いメニューを比べると、ある特徴があることがわかる。**原価率の低いメニューは子どもが好きそうなものが多く、逆に高いメニューは子どもが敬遠しそうなものが多い。**

回転寿司チェーンが郊外の住宅地に出店する理由

それこそが、回転寿司が儲かる仕組みで、ようするに、子どもの客を増やせばいいのだ。子どもが原価率の低いネタをたくさん頼めば、ウニやマグロの注文で高くなりつつある原価率を下げられる。ただし、子どもは一人では来られないので、ファミリー層を狙う。回転寿司店が郊外や新開発の住宅地などに立地することが多いのは、そこに若いファミリー層が多く住んでいることが多いからだ。広い駐車スペースを併設するのも、そうした若い親子連れや3世代連れの利便を考えてのことで、家族もろとも子どもを呼び込む作戦といえるだろう。

家族連れなどの客が入店した後も、回転寿司では、儲けを出すためのさまざまな工夫がなされている。回転寿司店のファミレス化などということが近頃いわれているが、まさにその通りで、回転寿司が出現したばかりの頃に比べるとメニューは格段に多様化している。

それも、子どもに向けた多様化で、ポテトフライや唐揚げ、ラーメン、デザート類が豊富にラインアップされている。しかも、ラーメンやハンバーグ、デザートなどは、子どもに人気だが、それらの値段を寿司よりは少し高めに設定して、少しでも儲ける仕組みを徹底している。

立地、メニュー、コスト……結局、儲けの決め手は？

さて、例えば、ある回転寿司店の原価構成が、材料費＝40％、人件費＝30％、諸経費＝25％で合計95％とする。そうなると利益はわずかに5％。もう少し利益率を上げたいが、材料費は下げられない。そこで、次はその人件費をなんとか抑えようとする工夫が必要になってくる。その一つが、寿司店でありながら寿司職人を置かないこと。ほとんどの店でシャリを握るのはロボットで、それに加工済みのネタをのせるだけというシステムをとっている。注文取りも今ではタッチパネルで行うのが当たり前だ。これは人件費の抑制と同時に廃棄ロスを少なくして、コストを節約するという効果もある。

ここまで示したように、回転寿司が儲かる理由は一つではない。郊外に駐車場完備で立地し、子どもと家族連れを呼び込む。寿司職人の代わりにロボットで握る、タッチパネルで客に「食べたいネタを注文させる」など、その工夫はさまざまだ。こうした工夫を組み合わせた「総合力」こそ、回転寿司の「儲ける力」になっているのだ。

儲けのポイント　子どもが行きたくなるメニューをたくさん揃える

回転寿司

ファミリー向きのメニューを充実させることで原価率ダウン

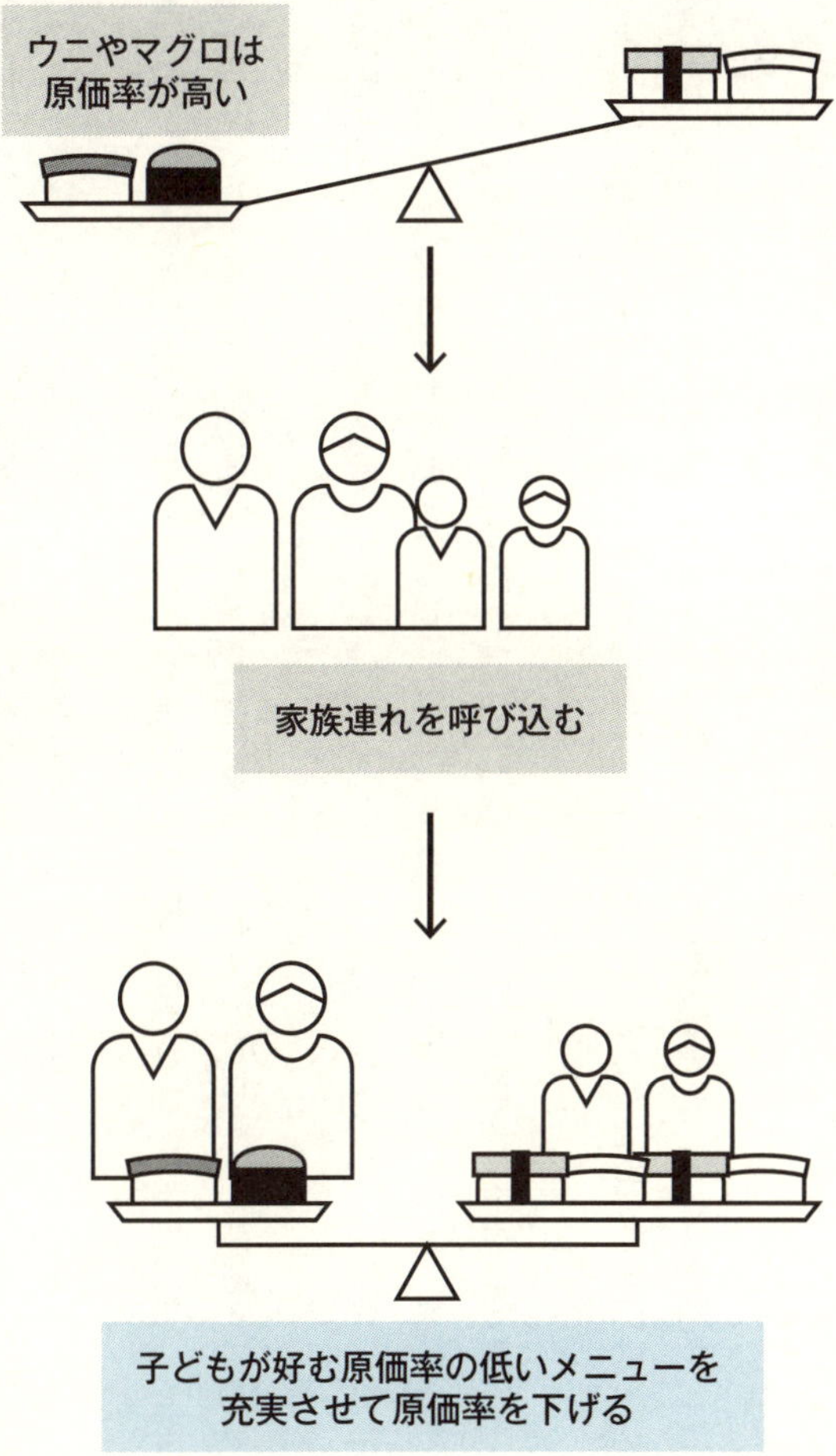

第5章のまとめ

「あえて損する」ことで「何を」得るかがポイント

「損して得」を取るというビジネスのコツを実践するのは、なかなか難しい。ポイントは、どう「損をするか」にあるといえる。ただ単純に損をしてしまうだけの取り組みでは意味がない。

各企業の「損して得」を取る取り組みを調べていくと、「損をしている」企業側には「儲かる」こと以外にもメリットがあることがわかる。それは、**「信用」や「信頼」を得られる**可能性があるということ。つまり、信用や信頼に結び付くような「損の仕方」をすることが大切になる。

飲食店でいい食材を使うなど原価率を上げれば損をする。ただし、「あそこの店はいいモノを使っている」と評判になれば、それは店の信用につながるだろう。第5章で紹介したカルディを例にとれば、無料で配るコーヒーで、実際に店内で販売しているコーヒーの試飲ができるので、その味と価格に納得した客であれば「安心して」購入できるようになるだろう。

さらに、「損して得」を取るビジネスモデルが成功するには、もう一つ大切な要素があることに気がつく。それは、**「あえて損をしている」ことを、どう顧客や消費者に伝えるか**ということ。

じつは、ここが最も難しいのではないだろうか。例えば、店頭で「ただいまコーヒーを無料でお配りしています！」と連呼されたら、顧客や消費者に店側が損をしていることは明確に伝わるが、逆にその店には入りにくくなってしまうこともある。

あえて「損して得」を取るというビジネスにおける成功の秘訣は、顧客や消費者のメリットになることを、いかにさりげなく、かつ明確に伝えるかにあるようだ。

第6章

一蔵、ヤッホーブルーイング、
オタフクソース…

モノを売らずに「体験」を売る

消費者のニーズが「モノからコトへ」と変わってきたといわれて久しい。例えば、「新しいクルマが欲しい」といった消費者ニーズの本質は、「高性能な新車を手に入れたい」といった欲求でも、単純に「新車でドライブする」といった「機能的な価値」を消費するだけでもない。新車を運転することで得られる快適さ、喜び、楽しさ、感動といった「一連の体験」、そういった体験を味わいたいという心の動きにあるのだ。

こうした消費者ニーズの本質とその変化を機敏にとらえて、自社のビジネスモデルを柔軟に変化させてきた企業がある。

第6章では、「モノからコトへ」にビジネスモデルをシフトして成功した企業と、その具体的な取り組みを紹介する。

一蔵
——超縮小市場の呉服業界にあって8期連続で売り上げを伸ばしている秘策

メーンの市場規模が3割減、でも売り上げは27倍に！

古くは明治の文明開化、それまで老若男女一年365日着物で暮らしていた日本人が、散切り頭と洋服に変わっていった。それでも昭和30年代初期あたりの写真には、まだまだ着物に割烹着姿で買い物をするご婦人たちが写っていたりするが、今では着物姿を見るのは七五三と成人式、結婚披露宴の振り袖、花火大会の浴衣くらいだろうか。普段着として和服を着る文化はもはやなくなってしまったといっていい。

その結果、着物メーカーは高級な着物しかつくらなくなった。メーカーは、つくっても着る人がいないから普段着の着物はつくらず、高級着物を少量生産するだけ。日常生活からも着物文化はなくなる一方なのだから、市場規模が縮小するのは当たり前。今では全盛期のほぼ7分の1だという。

さらに着物業界に追い打ちをかけるのが流通構造と委託販売制だ。着物業界ではメーカーと小売店の間に、産地問屋と地方問屋という2つの問屋が入っている。中間で利益を抜かれる分、メーカーの利幅は小さくなる。だからメーカーは出荷価格を上げる。

また、委託販売制もある。着物メーカーは製品を2つの問屋を介して販売店に届けるが、製品が売れなかった場合には、販売店はメーカーにその製品を返すことができる。この委託販売制では、在庫リスクは販売店ではなくメーカーが負担することになるので、やはりメーカーは、出荷価格を上げざるをえない。こうして着物の値段はどんどん高くなり、消費者はますます着物に縁がなくなり、市場は衰退していく。

だが、そんな不況構造を打破すべく、業界に一石を投じた会社がある。

東証一部上場の一蔵《いちくら》だ。1991年に着物事業（呉服の販売）で創業し、現在、東証の業種分類としてはサービス業。ヤフーファイナンスでは「主力は着物の販売・レンタルの和装事業、ウエディング事業も展開。成人式の写真撮影でも稼ぐ」と紹介されている。事業の多角化が特徴で、公開資料で確認できる範囲でも、2018年まで8期連続で売上高を伸ばしている。

そして、着物のメーンターゲットとなる女性の新成人が、「創業時から約3割減少」という逆風下にあって、なんと売上高を27倍にまで拡大してきた。

その一蔵の多角化戦略は明確で、「新規開拓×販売×リピート」を徹底している。

500円の着付けレッスンで着物文化の底辺を拡大

一蔵は、現在、和装事業とウエディング事業を手がけるが、このうちの和装事業では、呉服や振り袖などの販売が売上高の約半分を占めている。モノが売れない時代にあって、呉服や振り袖が売れるのは、レンタルや成人式アルバム撮影、着付け・着方教室で、潜在顧客層を新規開拓しているからだ。**レンタルや着付け・着方教室で、これまで着物に親しんでいなかった顧客を新規に開拓し、新規顧客に呉服や振り袖を販売し、さらにリピーターになってもらうという取り組みを徹底**している。

具体的には、一蔵をはじめ「オンディーヌ」や「ラブリス」といった店舗ブランドで、新成人の女性をターゲットにレンタル、成人式アルバム撮影、成人式当日の着付けなどを手がけ、「銀座いち利」では着付け教室、「いち瑠《る》」で着方教室を展開。**着物を「着てみたいが着方がわからない」潜在顧客層にアプローチしている。**なかでも「いち瑠」は、1レッスン500円という低額の受講料で、「着物文化の底辺を広げる」重要な役割を担っている。着方を習っているうちに着物が欲しくなる生徒が多く、いち瑠では着物の販売や仕立てが、じつは収入源となっているという。また、2016年に買収した「京都きもの学園」で着物文化を広げ、ネットで買いたい顧客には、通販ブランド「いち利モール」を展開している。

着物ではなく、「着て楽しむ」体験を売る

一蔵はマーケティングにも取り組んでいる。ウェブコミュニティ「SAKURA学園」を運営し、17～20歳の女子向けに成人式で振り袖を着てもらうことを提案。全国約900の大学サークルが加盟する「学祭・サークル応援NAVI」も同じ目的で運営している。成人式後のフォローとして、振り袖を着た女性に和服を着て歌舞伎鑑賞を楽しもうといったイベントも開催するなど、**呉服や振り袖を一度でも着た人に「着物との接点」が持続するようなサービスを展開**している。「リピーター」になってもらうための取り組みだ。

こうした取り組みで、一蔵は「着物を着ない理由」である「8つの『ない』」をなくした。8つの「ない」とは、「価格が高くて買えない」「気に入ったデザインが見つからない」「どこで購入すればいいかわからない」「気軽に入れるお店がない」「着付けができない、着こなし方がわからない」「着る機会がない」「手入れの仕方がわからない」といった、着物を着ない理由のこと。これらを解消し、着物を売るだけではなく、「着物を楽しむ」「自分で着てみる」という体験も同時に売る。**「モノからコトへ」の取り組みを実践**しているのだ。

儲けのポイント

「体験」を売り、着物を着ない理由を一つひとつ解決

一蔵

着物を着ない8つの「ない」を解消

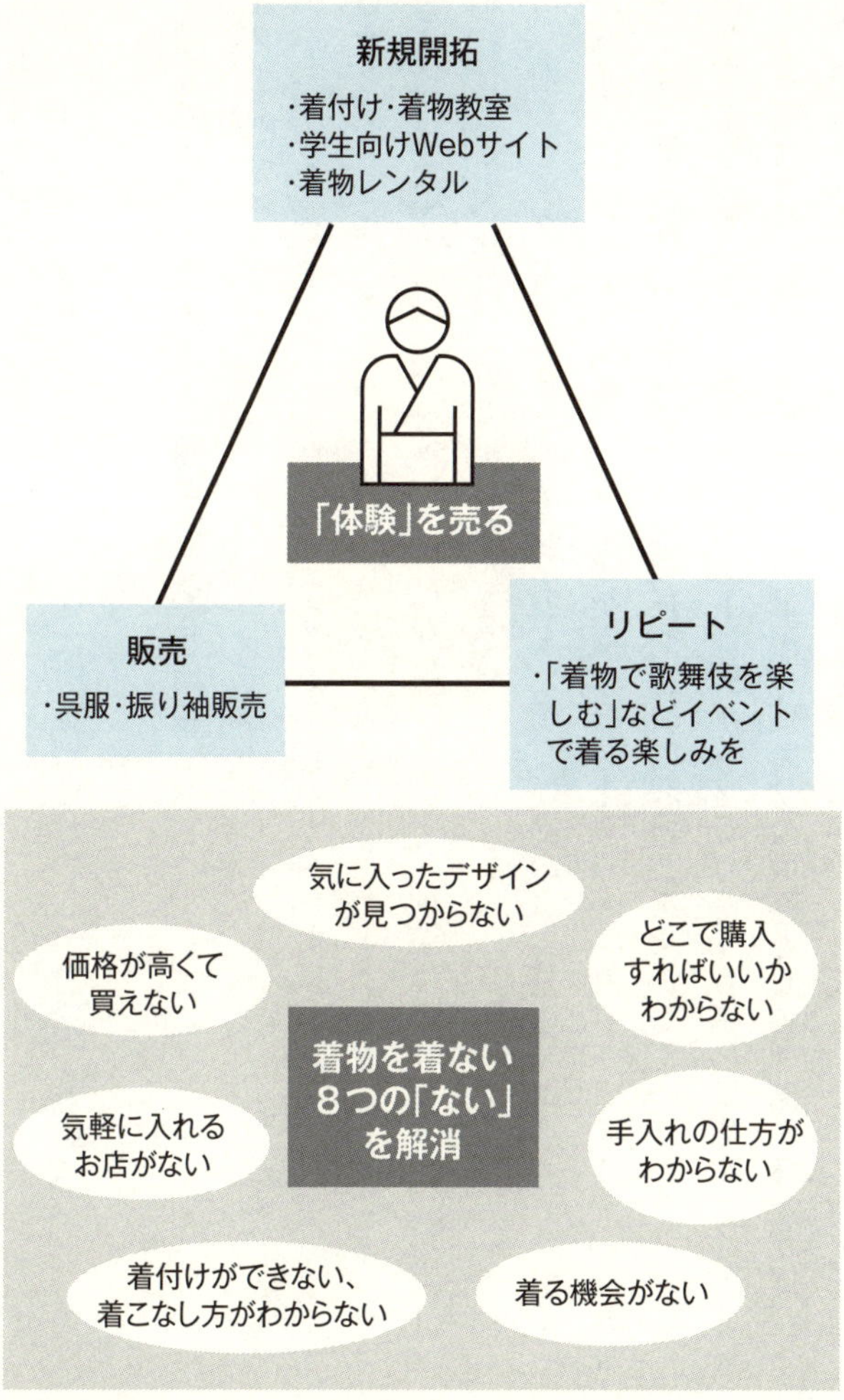

ヤッホーブルーイング

――地ビール「よなよなエール」を大ヒットさせた「口コミ」戦略

競争が激しい地ビール業界で13期連続で増収増益

現在日本全国に200以上あるといわれるクラフトビールメーカーの中で最大のシェアを誇るのが、「よなよなエール」などのユニークな商品を持つヤッホーブルーイングだ。黒と黄色を基調としたラベルに、「YONA YONA ALE」と白抜きされたビールを、「どこかで見かけた」という人も多いのではないだろうか。創業は1996年、星野リゾートの子会社として長野県・軽井沢で産声をあげた。

当時は、地ビールブームがまさに終焉を迎えた頃。逆風の真っ只中にあって、創業から8年は連続赤字に苦しんだが、あることを契機に2010年から2016年までの6年間で売り上げは4倍に伸び、2017年まで13期連続増収増益を果たしている。

復活の契機となったのは、インターネット通販だ。2004年、街の酒店やスーパーマーケットから商品を締め出されてしまい、最後に残された販路として、開店休業状態だった楽天市場の店を再開した。それが現在、社長を務める井手直行氏だった。ネット通販などやったこともなく、パソコン自体ほとんど触ったことのない井手氏だったが、「会社をたたむ前の最後の賭け」という必死の思いで取り組んだのだという。なけなしの数十万円をセミナー受講料として払い、軽井沢から東京まで通っては知識やスキルを身につけた。そうして再開した楽天市場店は、日本中に点在するファンの間に徐々に浸透していった。

そして2008年、ネット通販によって知られるようになったこともあって、酒店、スーパーに加えコンビニエンスストアでも、よなよなエールを扱ってもらえるようになった。

成功の秘策はファンとの関係性の強化

そして、もう一つ、ヤッホーブルーイングが、V字回復できた理由がある。それは、「熱狂的なファン」を創り出すマーケティングの手法だ。同社は、よなよなエールなどの自社商品の「ファン」を大切にする会社」だ。**ファンとのエンゲージメント（関係性）を強くするために「イベント」を実施している。**

イベントでは、よなよなエールのファンが集まり、ビールを飲んで交流を楽しむ。つまり、ヤッホーブルーイングは、地ビールメーカーでありながら、**ビールだけではなく、「地ビールを飲んで、交流を楽しむ」という、これまでにない体験を売った**のだ。これこそ、

V字回復の原動力だったといってよいだろう。

このイベント戦略、そもそもは2010年に、ファンとのつながりをより強くしようと、40～80人規模の「宴《うたげ》」というイベントを開催したのが始まりだ。その後、東京・赤坂にビアレストランをオープンして、定期的にイベントを開催できるようになる頃には、イベントのチケットは発売と同時に完売するようになる。同社では、イベントに短期的なリターンを求めていない。イベントを継続的に開催することで、数年かけてブランドの信頼度が高まっていくと考えた。

こうして、2015年に軽井沢で開催された「超宴《ちょううたげ》」には500人が参加し、2017年開催の「よなよなエールの超宴」では、明治神宮外苑の軟式野球場の会場に約4000人が集まった。さらに、2018年には、東京・お台場に特設会場を用意し、約5000人を集めて「よなよなエールの超宴2018～ビールとオトナの文化祭～」を開催した。こうしたイベントでビールがどれだけ売れるのかといった「目先の利益」にはこだわらず、イベントが赤字でも継続した。ビールを片手に心からイベントを楽しむという新たな顧客体験が熱狂的なファンを生み出す。まずは、そこを重視したからだ。イベントが赤字でも、継続して「本当の」ファンを増やしていくことに取り組んだのだ。

ヤッホーブルーイング

自然と口コミが広まる仕組みづくり

①ファンイベント開催

赤字覚悟で「とにかく楽しい」イベントを開催すると
ファンとのエンゲージメント（関係性）が強まる

↓

②口コミが生まれる

イベントに参加した人が直接友人に勧める

↓

③ファンが増える

ファンが家族や友人をイベントに連れていき、
新たなファンが生まれる

ファンが新たなファンを呼び込む「口コミ」の広め方

もちろんイベントを続けさえすれば熱狂的ファンをつくり出せるかといえば、そうではない。同社が成功した理由は、「口コミ」にある。イベントにはファンはもちろん、家族も友人も来る。楽しい体験をすれば、身近な友人や知人によなよなエールを口コミし、次回のイベントに新しいファンを連れてきてくれる。ヤッホーブルーイングでは、イベントを「徹底的に面白いもの」にすることにもこだわった。そして継続的に開催することで、口コミが新しいファンを連れてきてくれるという好循環を生み出した。

SNS流行りの昨今だが、今でも一番効果的な宣伝は口コミという見方もある。ある調査によると、国内のTwitterの利用者約4500万人のうち、日常的に使っているのは20％以下、800万～900万人という。つまり、どんなにバズって話題になっても、日本の人口の数％にしか届かない。SNS上でどんなに「おいしいビール！」とつぶやかれるより、友だちから「このビールおいしいよ、飲んでみて」とダイレクトに言われたほうが、その気になる。ヤッホーブルーイングの成功の秘密はそこにある。

儲けのポイント

「熱狂的なファン」をつくる

WoodmanLabs（ウッドマン・ラボ）——「機能が豊富」でも「安い」わけでもないカメラがなぜ売れた？

必要最低限の機能にこだわり、「ユーザー体験」を売る

マウンテンバイクのハンドルや、スキー・スノボのゴーグル、サーフィンのボードの先端に取り付けて、迫力ある映像を撮影できるアクションカメラ。スポーツやアウトドアなど動きのあるシーンを、「プレイヤーの目線」でとらえられるのが魅力だ。

アクションカメラの市場は、2013年から2015年にかけて急拡大し、一時は全世界で年間約400万台の売り上げがあったが、その後、減少。ただし、ここ数年は再び増加傾向にあり、アメリカの調査会社によると、2021年には全世界で約560万台規模にまで拡大するという。

このアクションカメラ市場において、金字塔ともいえる大ヒットシリーズが、アメリカのベンチャー企業であるWoodman Labs社が開発・販売した「GoPro（ゴープロ）」だ。同社は、GoProシリーズの成功で急成長した。小型アクションカメラを開発・販売し、最盛期には年間300万台も売ったとされ、当時、アメリカ市場で揺る

ぎないトップブランドであった「ＳＯＮＹ」をもしのぐブランドとして認知された。その戦略は独特だった。そこにフォーカスしてみたい。

同社は、２００５年に創業したカメラメーカーだ。メーカーが儲けるには、「より良いモノをより安価に」というセオリーがある。ところが、同社の戦略は異なっていた。

まず、「より良いモノ」の指標となる機能について、同社はアクションカメラとして必要最低限度の機能にこだわり、徹底的に絞り込んで実装した。「ユーザーが便利に使えるように」と考えたら、「あれもこれも」と機能を充実させたくなるが、あえてそれをしないで、「ユーザーが多少、不便に感じようとも」機能を絞り込んだのだ。

そして、価格も平均的なコンパクトデジタルカメラを上回る水準に設定した。購入する側からすれば、決して安い買い物にはならない。ようは、ＧｏＰｒｏはユーザーにとっては、「機能が豊富」でも「安い」わけでもないのだ。

それなのに爆発的に売れた理由はどこにあるのか。それは同社が、**カメラメーカーでありながら「カメラを売る」のではなく、「ＧｏＰｒｏで撮影を楽しむ」という「ユーザー体験」を売る**ことに注力したからだ。しかも、撮影を楽しめるだけでなく、その楽しみをＧｏＰｒｏファン同士で共有できるようにした。その取り組みを振り返ってみる。

撮った動画を簡単に共有できる仕組みに

ＧｏＰｒｏで撮影を楽しむ「体験」を売るとはどういうことか。具体的には、ＧｏＰｒｏを買った人が自分たちで撮影した動画を投稿してシェアできる動画投稿サイトをつくったのだ。

例えばサーフィンが趣味の人なら、ＧｏＰｒｏを買ってサーフボードに取り付ければ、自分がビッグウェーブのチューブに突入していく、まさにその瞬間の迫力ある映像を撮影でき、それを投稿できる。他のユーザーの投稿も楽しめるので、「こんな撮影の仕方があるのか」とか「これはどうやって撮影したのか」など、ＧｏＰｒｏを使う楽しさを共有できる。ＧｏＰｒｏを持っていない人でも投稿動画を見られるので、スキーが趣味であれば「自分がゲレンデを滑降するときの爽快感と迫力を映像に残して、みんなに見てもらいたい」と思うかもしれない。それが、新しいＧｏＰｒｏユーザーになる。

同社は、カメラメーカーでありながら、カメラを売るのではなく、「カメラを使って撮影を楽しむ」という体験を売った。

まさに、**ＧｏＰｒｏという「モノ」（ハード）ではなく、モノを使って楽しむ体験＝「コト」（ソフト）を提供する。**それが、ベンチャーだった同社が急成長した理由だ。

ユーザーでありながら「ソフトを売る」

一方で、同社はＧｏＰｒｏを使って撮影を楽しんでもらうためのアイテムの充実も忘れなかった。例えば、水中での撮影を可能にする防水ケースや、ヘルメットへの装着を簡単・確実にできるようにするマウントアクセサリーなどだ。もっと撮影を楽しみたいというときにユーザーが求めるのは、「新たな機能が追加されたカメラ」ではなく、シンプルな機能のままでも、そのカメラを使った新たなシーンの撮影を可能にしてくれるアクセサリーだ。そのユーザーニーズを逃さず把握したことで、同社のＧｏＰｒｏシリーズの売り上げに占めるアクセサリー類の割合は２割を超えるとされている。

メーカーでありながら、「ソフトを売る」という発想の転換は、現在、さまざまなメーカーで起きている。ＷｏｏｄｍａｎＬａｂｓ社は、ここ数年、ドローン事業の失敗などで苦境の中にあるが、イノベーションの先駆者であったことは間違いない。

儲けのポイント

カメラの機能ではなく、撮影体験をシェアできる場を提供

Woodman Labs（ウッドマン・ラボ）

購入後の消費者の欲求を設計

①誰でも使えるカメラにして

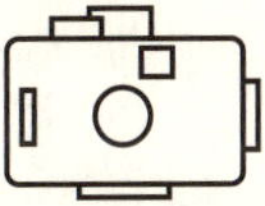

機能を必要最低限に絞り、誰でも気軽に
アクロバティックな撮影を楽しめることを追求

↓

②購入後の楽しみ方を提案

動画投稿サイトを構築し、
体験をシェアできる楽しみを生み出す

↓

③体験を販売

動画を見た人が「自分ならこれできる！」と刺激され、
新しいユーザーになる

オタフクソース

――ソースではなくお好み焼き文化を売ることでシェア拡大に成功

発売開始から半世紀以上のロングセラー

お好み焼きの味付けで欠かせないのが、独特の甘みとコクのあるソース。お好み焼きには、「関西風お好み焼き」「広島風お好み焼き」の「2大流派」があるが、このうち広島風お好み焼きの定番ソースといえば「オタフクソース」だ。

オタフクソースの歴史は古い。今から97年前の1922年に、広島市で酒・醤油類の卸小売業として創業した「佐々木商店」が、1950年からソースの製造・販売に取り組み、1952年に「お多福造酢」を設立し、発売を開始した。半世紀以上にもわたるロングセラー商品で、今では、広島県にあるお好み焼き店の8割以上で使用され、関西圏でも市場シェアの40%を占めているという。

お多福造酢は、その後、焼きそばソースやたこ焼きソースなどを次々に発売。1975年には、社名を現在のオタフクソースに変えた。

ロングセラーのお好み焼き用ソースに牽引され、オタフクソースの業績も堅調だ。同社は、2009年にホールディングス化（持株会社制に移行）したため、現在ではオタフクソース単体での業績推移の詳細は明らかにしていないが、2018年9月期の（6社連結）決算では、売上高が240億8000万円に達し、経常利益も増益。ここ数年続いた夏場の猛暑でソースの原料となる野菜が高騰し、利益を確保するのが難しい状況にありながらも堅調といえる。

オタフクソースが、ロングセラーのお好み焼き用ソースを売り続け、今もなおシェア拡大に成功している理由はどこにあるのか。それは、同社の独特の販売戦略にあるといえるだろう。**「お好み焼き用ソースを売る」のではなく、「お好み焼き」を「全国に広める」ことに、全社一丸となって注力している**のだ。

同社では、マーケティング部門の中に、「お好み焼課」というユニークな名称の部署がある。この課では、広島近郊をはじめ全国の小学校や幼稚園を訪問して、お好み焼きを焼くなどの取り組みをしている。

また、毎月10日を、「じゅ～」とお好み焼きが焼ける音とかけて、「お好み焼の日」に設定。お好み焼きの良さを知ってもらうイベントを開催するなど、「採算度外視」で全国にお好み焼きを広める活動をしている。

消費者は「ソースを買いたい」のではない

さらに、2008年には、総額6億円をかけて本社のある広島市に「Ｗｏｏｄ Ｅｇｇお好み焼館」を開館した。その施設を一般の人たちにも公開して、お好み焼きの歴史や作り方を学べるようにしたほか、社内に「お好み焼士マイスター制度」を制定。社員を「お好み焼きのプロ」とすることで、全国に「お好み焼き文化」を広める取り組みを徹底しているのだ。

同社のお好み焼き文化を広める取り組みは、これだけにとどまらない。お好み焼き店で独立開業を目指す人たちの支援も、自社の事業として展開している。「Ｗｏｏｄ Ｅｇｇお好み焼館」の4階に研修設備を整え、本格的設備でプロの技術を習得できるように研修を実施している。そして、「広島お好み焼き開業コース」と「関西お好み焼き開業コース」を開講している。

同社のこうした取り組みは、消費者の「本当のニーズがどこにあるのか」を分析した結果といえる。消費者は「お好み焼き用ソースを買いたい」のではない。そのソースを使った「美味しい料理を食べたい」のだ。ソースというモノが欲しいのではなく、「美味しい料理を食べる」というコト（体験）を求めている。そこに着目した取り組みなのだ。

オタフクソース

消費者の「本当のニーズ」を突き詰めた結果生まれた取り組み

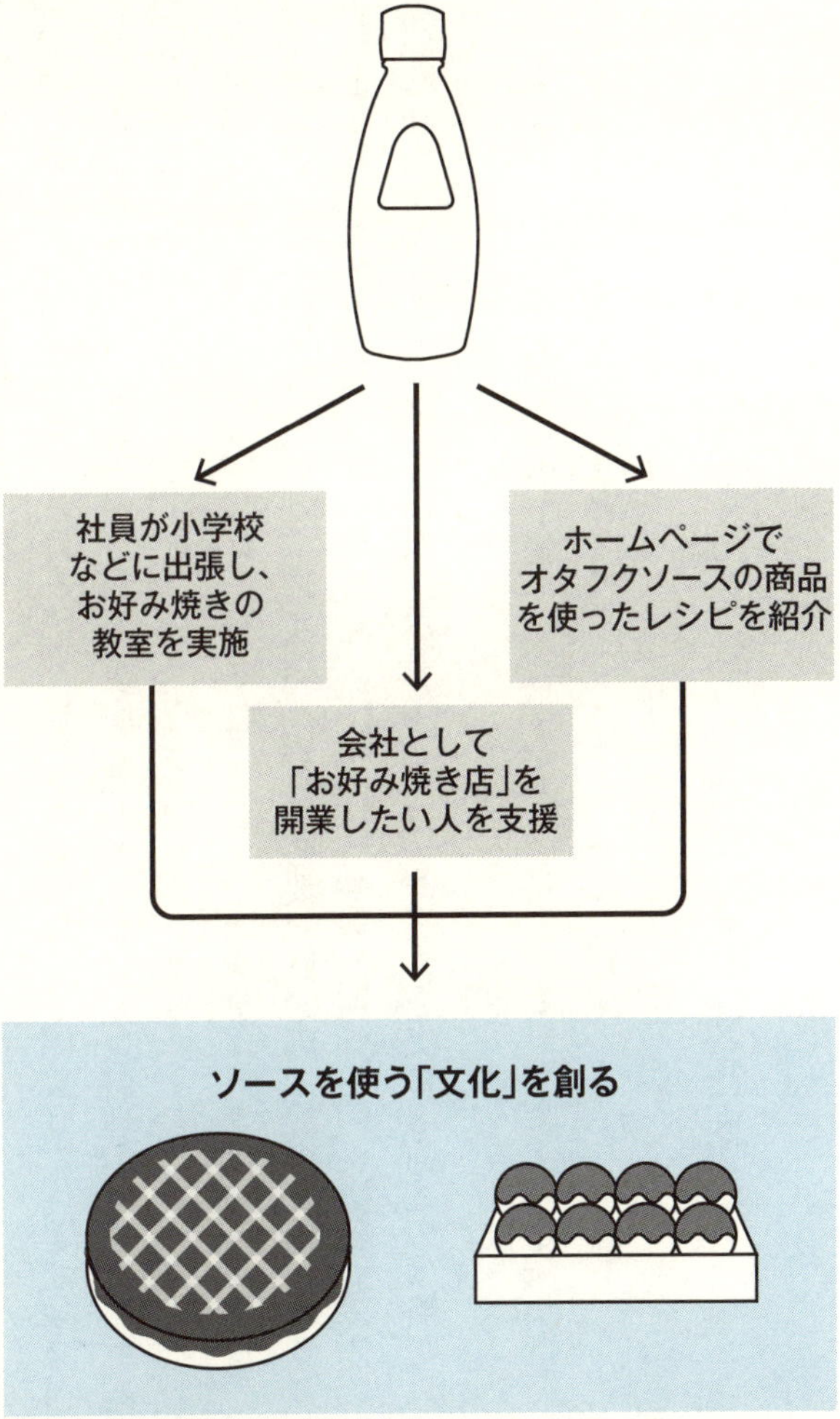
社員が小学校などに出張し、お好み焼きの教室を実施
会社として「お好み焼き店」を開業したい人を支援
ホームページでオタフクソースの商品を使ったレシピを紹介
ソースを使う「文化」を創る

「オタフクソースを使う文化」を創り出す

だから、同社では社員が第一線でお好み焼きの焼き方を広めるし、お好み焼きで独立開業を目指す人の支援もする。お好み焼き用ソースを使って「おいしい料理を食べたい」という人が増えれば、それに連動してオタフクソースも売れていくという考え方だ。

また、同社のホームページには、お好み焼きだけでなく、オタフクソースの商品を使ったメニューのレシピが公開されている。例えば、1日に必要な野菜の3分の2がとれるというヘルシーなお好み焼きといったレシピもあれば、ハヤシライスやカレーなどオタフクソースを隠し味に使ったレシピなど種類は豊富だ。このレシピの充実にも同社の戦略が見て取れる。

同社は、オタフクソースを売るのではなく、「オタフクソースを使う文化」を創り出そうとしている。その取り組みが、ロングセラーを支えているのだ。

儲けのポイント ソースを売るのではなく、「ソースを使う文化」を創る

第6章のまとめ

「モノからコト」の先にある「ハピネス」の市場へ

現在、顧客や消費者のニーズは変化し、「良いモノをつくれば売れる」、「良いサービスであれば使ってもらえる」という時代ではなくなったとされる。ただし、その一方では、やはり良いモノでなくては売れないし、良いサービスでなければ普及しないという、本質的なところは変わっていない。つまり、企業にとっては、良いモノや良いサービスをつくり、提供するのは当たり前で、その上で、**いかにその商品やサービスを利用することで、顧客や消費者にどんな体験をしてもらえるか、どんなメリットがあるのかを伝えることが大切**なのだ。

第6章で紹介した企業は、いずれも自社の商品やサービスを売るだけではなく、顧客や消費者が、良い経験・体験ができるような提案・工夫を、自社の事業にうまく取り込んで実践している。

着物販売の一蔵は、呉服や振り袖を販売するだけではなく、着物を着て歌舞伎を楽しむといったイベントも仕掛けているし、「よなよなエール」という地ビールのヤッホーブルーイングも、ファンを集めたイベントを開き、「よなよなエールを飲む楽しみ」を売っている。

アクションカメラ「GoPro」のWoodman Labs社も、お好み焼きソースのオタフクソースも同様だ。

こうした企業たちの取り組みを見ていくと、単純に「モノからコト」への転換を考えているだけではないこともわかってくる。コトの先には、**経験・体験したことから得られる喜びや楽しみといったハピネスがあり、満足がある。そこまでを含めた「一連の経験や体験」を、顧客や消費者に提供する**ことで、新たに市場を創出しているのだ。

この自ら「市場を創出している」というキーワードは、第6章で紹介した全ての企業にあてはまる。一蔵は、着物に親しみのない若い女性に着付け・着方を教えるところから取り組み、潜在顧客の顕在化に取り組んでいるし、オタフクソースも、お好み焼きをはじめ「ソースを使う料理」のレシピを公開して、ソースを使う習慣、つまり「ソース文化」を広め、新たな市場を創り出しているのだ。

そう考えると、**モノからコトへの変化のさらにその先には、喜びや楽しみ、満足といった「ハピネス」がある**といえないだろうか。**このハピネスを味わう経験・体験から、新たな市場が生み出される**という流れが見えてくるようだ。

ＤＴＰ／センターメディア
図版作成／エヌケイクルー

算説明会用補足資料／株式会社コメダホールディングス 2018年2月期　決算短信〔IFRS〕（連結）／珈琲所 コメダ珈琲店（http://www.komeda.co.jp/）／マーケットウィークリー 企業ニュース ハイディ日高／株式会社ハイディ日高 2018年2月期決算説明会資料／株式会社コシダカホールディングス 2018年8月期決算短信〔日本基準〕（連結）／ペイミー（https://payme.tokyo/）／俺の株式会社（https://www.oreno.co.jp/company-info/）／カルディ コーヒーファーム（https://www.kaldi.co.jp/corporate/）／株式会社一蔵 2018年3月期決算説明資料／GoProの歴史（https://www.tajima-motor.com/gopro/history/index.html）／お多福グループ企業情報（https://www.otafuku.co.jp/corporate/group/）ほか

おもな参考文献

Airbnb（https://www.airbnb.jp/）／LINE 2018年12月期決算短信〔IFRS〕（連結）／朝鮮日報chosun online（http://www.chosunonline.com/）／国土交通省 運輸分野における個人の財・サービスの仲介ビジネスに係る国際的な動向・問題点等に関する調査研究＜概要＞／YouTube（https://www.youtube.com/）／ニールセン（https://www.netratings.co.jp/）／Facebook（https://ja-jp.facebook.com/）／Uber（https://www.uber.com/ja-JP/about/）／メルカリ「平成30年6月期 決算短信［日本基準］連結」／一般財団法人 日本航空機開発協会（http://www.jadc.jp/）／成田国際空港株式会社（https://www.naa.jp/jp/airport/）／事業構想大学院大学 事業構想 PROJECT DESIGN ONLINE（https://www.projectdesign.jp/）／「デジタル・ディスラプション時代の生き残り方」（大前研一 プレジデント社）／「なぜ、あの会社は儲かるのか？ ビジネスモデル編」（山田英夫 日本経済新聞出版社）／官報・決算公告／Sansan株式会社第11期決算公告／Sansan サービス約款、夢の街創造委員会株式会社 2019年8月期第1四半期決算短信〔日本基準〕（連結）／東洋経済ONLINE 2019年1月10日「急成長の「出前館」、利益88%減計画のなぜ？ 夢の街創造、ブチ上げた中期計画の現実味は」／セブン銀行2018年3月期【参考資料】決算説明資料（単体）／T-Point/T-CARD（http://tsite.jp/r/fs/area/index.html/）／株式会社セブン銀行 2018年3月期 決算短信〔日本基準〕（連結）／株式会社セブン銀行 財務・業績データ（https://www.sevenbank.co.jp/ir/finance/）／イオンフィナンシャルサービス株式会社 ニュースリリース（http://www.aeonfinancial.co.jp/corp/news/2018.html）／コマツ 2018年度 第3四半期（4月-12月）決算説明会／株式会社あさひ平成30年2月期 決算短信〔日本基準〕（非連結）／株式会社サイゼリヤ 企業情報 沿革（https://www.saizeriya.co.jp/corporate/information/history/）／Tポイント提携店募集資料（http://tsite.jp/r/fs/area/index.html）／株式会社SUBARU 2018年3月期 決算説明会資料／株式会社壱番屋 2018年2月期 決算説明会資料／株式会社壱番屋 2018年2月期 決

青春新書
INTELLIGENCE

こころ涌き立つ「知」の冒険

いまを生きる

"青春新書"は昭和三一年に——若い日に常にあなたの心の友として、その糧となり実になる多様な知恵が、生きる指標として勇気と力になり、すぐに役立つ——をモットーに創刊された。

そして昭和三八年、新しい時代の気運の中で、新書"プレイブックス"にその役目のバトンを渡した。「人生を自由自在に活動《プレイ》する」のキャッチコピーのもと——すべてのうっ積を吹きとばし、自由闊達な活動力を培養し、勇気と自信を生み出す最も楽しいシリーズ——となった。

いまや、私たちはバブル経済崩壊後の混沌とした価値観のただ中にいる。その価値観は常に未曾有の変貌を見せ、社会は少子高齢化し、地球規模の環境問題等は解決の兆しを見せない。私たちはあらゆる不安と懐疑に対峙している。

本シリーズ"青春新書インテリジェンス"はまさに、この時代の欲求によってプレイブックスから分化・刊行された。それは即ち、「心の中に自らの青春の輝きを失わない旺盛な知力、活力への欲求」に他ならない。応えるべきキャッチコピーは「こころ涌き立つ"知"の冒険」である。

予測のつかない時代にあって、一人ひとりの足元を照らし出すシリーズでありたいと願う。青春出版社は本年創業五〇周年を迎えた。これはひとえに長年に亘る多くの読者の熱いご支持の賜物である。社員一同深く感謝し、より一層世の中に希望と勇気の明るい光を放つ書籍を出版すべく、鋭意志すものである。

平成一七年　　　刊行者　小澤源太郎

著者紹介

株式会社タンクフル

2013年創業の総合メディアプロデュース会社。"ことば"を大切にした、企業のブランド力強化やユーザー獲得するためのオウンドメディアの企画運営、コンテンツ制作、企業とユーザーの架け橋となる「Webコラム」や「導入事例」の企画制作、メディアへのコンテンツ提供、「ニュースリリース」「パンフレット・リーフレット」「会社案内・年史」などの制作をおもな業務としている。幅広い取材活動、企業支援活動を通じて、各種業界・企業の最新情勢に精通している。

図解《ずかい》 うまくいっている会社《かいしゃ》の
「儲《もう》け」の仕組《しく》み

青春新書 INTELLIGENCE

2019年4月15日 第1刷

著者 株式会社《かぶしきがいしゃ》タンクフル

発行者 小澤源太郎

責任編集 株式会社プライム涌光

電話 編集部 03(3203)2850

発行所 東京都新宿区若松町12番1号 〒162-0056 株式会社青春出版社

電話 営業部 03(3207)1916 振替番号 00190-7-98602

印刷・中央精版印刷 製本・ナショナル製本

ISBN978-4-413-04566-7